성공적 비즈니스를 위한

생각도구 치트키

장세진 | 김성윤

도서출판 청람

들어가며

기업을 둘러싼 외부 · 내부환경은 기업의 성패에 커다란 영향을 끼친다는 것은 주지의 사실입니다. 기업에 우호적인 환경이 구축되어 있으면 해당 기업이 가진 능력과 쏟아부은 노력 이상의 결과물을 손에 쥐기도 하지만, 반대의 환경이라면 훌륭한 전략과 최선의 노력을 기울인다 하더라도 기대하는 수준 이하의 결과물을 얻게 되기도 합니다. 이는 기업을 둘러싼 환경이 기업의 성패에 얼마나 지대한 영향을 주는가를 말해줍니다. 실로 경제와 정치 그리고 사회문화, 기술적 환경변화는 이미 기업이 쉽게 통제할 수 없는 수준의 변화입니다. 특히 글로벌화가 진행되면서 기업들의 경쟁 구도는 국내에서의 경쟁만이 아닌 세계 주요 기업과의 경쟁에서 살아남아야 하는 상황으로 변모하고 있습니다. 비대면이 일상화가 되어버린 사회문화적 변화, 상상을 초월하는 수준의 IT기술의 혁명 등은 다양한 사업적 기회를 창출한 반면 기존의 사업환경에 의존해 온 수많은 회사들에게는 위협이 되고 있는 것이 현실입니다.

'코닥'이라고 하는 글로벌기업을 기억하실 것입니다. 필름산업이 전성기였던 시절에 코닥은 업계에서 대표적인 성공기업이었습니다. "당신은 찍기만 하세요. 나머지는 저희가 알아서 하겠습니다(You press the button, We do the rest)"라는 유명한 광고 카피를 내세우며 필름산업의 전성기를 만들었습니다. 1900년대 초반 코닥은 필름의 대명사로 불리며 최고의 전성기를 누렸습니다. 그러나 시대는 아날로그에서 디지털로 변모하면서 필름 카메라가 아닌 디지털 카메라를 선호하는 소비자들이 증가하기 시작했습니다. 사실

코닥이 디지털 카메라의 등장을 예견하지 못했던 것은 아닙니다. 오히려 세계 최초의 디지털 카메라를 개발한 곳은 코닥이었습니다. 안타깝게도 코닥 내부에서는 디지털 카메라의 등장이 필름산업을 붕괴시킬지도 모른다는 불안감에 디지털 카메라의 연구와 상용화에 박차를 가하지 못했습니다. 코닥의 전성기 시절에 필름시장은 황금알을 낳는 거위와도 같은 존재였기 때문에 디지털 카메라의 본격적 등장은 분명 위험 요소로 작용했을 것입니다. 그러나 비즈니스환경의 변화는 어찌할 수 없었습니다. 디지털 카메라가 개발된 이후 20년 가까이 본격적 상용화를 억제하였지만 2000년 초반 일본기업들의 본격적 디지털 카메라의 보급으로 인해 필름시장은 급격히 축소되기 시작하였고 디지털 카메라시장은 우상향 곡선을 그리며 성장하기 시작했습니다. 뒤늦게 만회하기 위한 노력을 기울였지만 이미 시장에서의 입지가 약화된 코닥은 2012년 마침내 파산선언을 하게 됩니다. 130년 전통의 초우량 기업이 역사의 뒤안길로 사라지게 된 것입니다.

'우버'라고 하는 기업 역시 모두 잘 아실 것입니다. 택시도 기사도 소유하지 않은 채 택시서비스를 제공하는 회사입니다. 택시를 이용하고자 하는 승객과 택시 운전기사를 스마트폰으로 연결해 주는 운송서비스가 주된 사업입니다. 모바일 앱을 통해 소비자와 운전자를 연결해 주는 역할만 수행하고 수익을 올리는 기업이지요. 혁신적인 기술을 통해 새로운 서비스를 경험하게 된 소비자는 환영하고 반기지만, 이로 인해 손해를 감내해야 하는 기본 서비스업자들은 반발하는 충돌상황이 여전히 존재합니다. 하지만 소유에서 공유로 변화하는 세상의 흐름을 발 빠르게 예측하고 공유가 가능한 운송서비스를 제공한 우버는 공유경제로의 전환이라고 하는 시대환경의 흐름을 잘 읽은 대처한 대표적 기업이라 할 수 있습니다.

이처럼 비즈니스 성공의 여부는 '올바른 분석'과 '올바른 대응'에 있다 할 수 있습니다. 그러나 대응은 우리들의 노력 여하에 따라 원하는 결과를 만들어 낼 수 있는 영역이지만 기업을 둘러싼 환경은 우리들의 노력과 상관없이 변화하는 통제할 수 없는 영역입니다. 기업의 성공에 있어 매우 중요한 영역

임에도 불구하고 통제할 수 없다는 이유로 그저 운에 맡겨야 할까요? 그럴 수는 없습니다. 완벽하진 않더라도 환경변화의 흐름과 추이를 읽고 우리 기업이 속한 산업과 조직에 어떤 영향(긍정과 부정적 영향 모두)을 미칠 것인지를 예측하고 발 빠르게 대응하는 것이 무엇보다 중요합니다. 환경의 변화를 예측하는 몇 가지 프레임워크를 활용한다면 도움이 될 것입니다. 또한 대응에 필요한 분석 프레임워크를 활용한다면 유효한 대응책을 수립하는 데 도움이 될 것입니다.

프레임워크는 무엇인가를 분석할 때 정리되지 않은 다양한 데이터를 의미 있는 정보로 전환시켜 주는 역할을 합니다. 여기저기 흩어져 있는 수많은 양의 데이터만으로는 그것이 무엇을 의미하는지 알 수 없고, 정리되지 않은 데이터만으로 수립한 대응책은 효과도 미미할 것이 자명합니다. 프레임워크를 활용한다면 의미 없이 분산된 데이터들을 유의미한 정보로 변환하여 경영의 방향 설정에 도움되는 통찰을 제공할 수 있습니다.

프레임워크는 크게 외부환경을 분석하는 데 활용가능한 도구와 내부환경을 분석하는 데 도움이 되는 도구로 나누어집니다. 외부환경을 분석하는 대표적인 도구로 'PEST 프레임워크', '5Forces 프레임워크', 'STP 프레임워크' 등이 있으며, 내부환경 분석의 대표적 도구는 '7S 프레임워크', 'Value Chain 프레임워크', 'SPRO 프레임워크', 'VRIO 프레임워크' 등이 있습니다. 또한 외부환경과 내부환경을 동시에 분석가능한 프레임워크로는 'SWOT 프레임워크', '3C 프레임워크' 등이 있습니다. 프레임워크를 정확하게 분석하거나 올바른 대응책 수립을 위해서 논리적으로 사고하는 것이 중요한데 논리적으로 생각하기 위해서는 MECE(Mutually Exclusive Collectively Exhaustive, 중복과 빠짐이 없이)하게 전체를 부감할 수 있어야 하고 Logic Tree를 활용하여 생각을 논리적으로 전개할 수 있어야 하며 피라미드 구조로 자신의 생각을 주장과 근거로 명확히 그릴 수 있어야 합니다. 성공하는 비즈니스를 위해서 프레임워크를 숙지하는 것만으로 충분하다 할 수 없지만 필요한 내용들을 학습하여 시의적절하게 사용할 수 있는 기본기를 갖추어

두는 것은 중요합니다. 본서의 내용은 환경 분석 프레임워크, 전략과 마케팅 수립에 도움이 되는 프레임워크, 사고력을 향상시키는 데 활용가능한 프레임워크 등으로 구성되어 있습니다. 성공 비즈니스 기본 프레임을 체득하는 데 도움이 될 것으로 생각합니다.

2020년 11월
장세진 · 김성윤

❙ 차례 ❙

Chapter 2 | 전략 · 마케팅 분석

Chapter 3 | 사고력과 실천력 스킬 함양

Chapter 01

환경 분석

기업의 외부환경 분석도구

기업의 내부환경 분석도구

기업의 외부 · 내부환경 동시 분석도구

기업의 외부환경 분석도구

1. PEST 분석

기업을 둘러싼 외부환경을 분석하는 데 사용되는 대표적인 프레임워크입니다. PEST는 Political(정치적 상황), Economic(경제적 상황), Social(사회적 상황), Technical(기술적 상황)의 첫 음절을 따서 만든 표현인데, 외부환경을 분석하는 데 사용되는 중요한 체크리스트입니다.

1) Political(정치적 상황)

기업이 속한 산업에 영향을 줄 수 있는 정치·법률적 변화 동향 등을 말합니다. 소비자보호법의 등장, 공정규제의 강화 등이 예가 될 수 있습니다.

2) Economic(경제적 상황)

인플레이션, 디플레이션 등과 같은 경기 동향, 환율과 금리의 변동, 취업률과 실업률 등의 경제 전반의 상황을 말합니다.

3) Social(사회적 상황)

인구구조의 변화, 가치관의 변화, 라이프 스타일의 변화 등을 말합니다. 고령자가 늘어나고 신생아가 줄어드는 저출산현상 및 1인 가구의 증가현상 등은 기업에게 기회인 동시에 위협이 될 수 있습니다.

4) Technical(기술적 상황)

새로운 기술의 출현, IT기술의 발전 등을 대표적인 예로 들 수 있습니다. 새로운 기술, 특히 IT기술의 출현은 기업의 흥망성쇠에 큰 영향을 줍니다. 스마트폰의 등장은 기존 휴대전화산업을 완전히 새로운 모습으로 변모시켰습니다.

도표 1-1 | PEST 분석도구

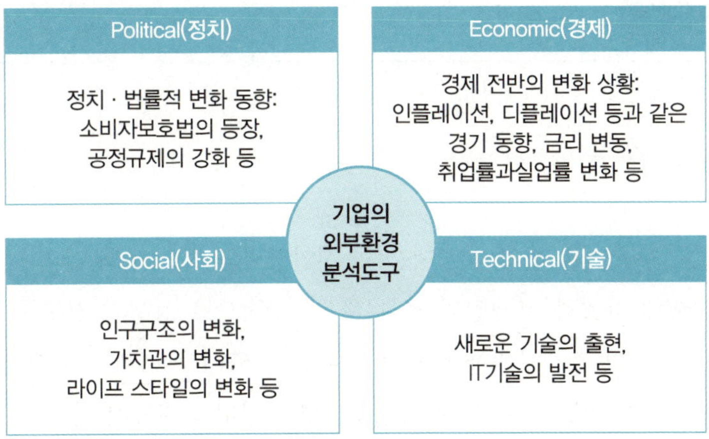

THINKING

기업을 선정하여 그 기업의 특정 산업의 PEST 분석을 진행해 봅시다. 그 산업과 관련된 PEST 각 항목W의 이슈들은 어떤 것들이 존재하며, 그 이슈들은 특정 산업에 어떤 영향(긍정/부정 포함)을 줄지에 대해서 생각해 봅시다.

도표 1-2 I PEST 분석 사례연구

구분	이슈	특정 산업에의 영향
Political (정치적)		
Economic (경제적)		
Social (사회적)		
Technical (기술적)		

2. 5Forces 분석

기업이 속해 있는 산업의 경쟁강도, 진입장벽의 정도 등의 산업 매력도를 측정하는 데 유효한 프레임워크입니다. 일반적으로 경쟁의 강도를 생각할 때 동일 업종의 경쟁상대만 바라보기 쉬운데 5Forces(5세력 모델이라고도 합니다.) 분석에서는 동일 업종 경쟁상대뿐만 아니라 잠재적 경쟁자, 대체품의 출현, 공급자와의 협상력, 사용자와의 협상력 등 산업 내 변화를 줄 수 있는 다섯 가지 위협의 요소들을 살펴봄으로써 산업의 매력도를 보다 정확하게 파악할 수 있게 됩니다. 과거와 현재의 5세력의 움직임을 관찰함으로써 산업의 진화를 동태적으로 분석할 수 있음과 동시에 미래의 변화 역시 예측 가능하도록 하여 미래 전략 수립 혹은 수정에 힌트를 줄 수 있습니다.

1) 동종업계 내의 경쟁 요소

동종업계 내에서의 경쟁을 말합니다. 일반적으로 업계의 성장률이 떨어지고 있음에도 불구하고 경쟁사가 지나치게 많으면 업계의 매력도는 낮다고 볼 수 있습니다. 그러므로 경쟁에서 이기기 위해서는 차별화전략 또는 원가절감 등을 고려해야 합니다.

2) 잠재적 경쟁자 요소

해당 산업에 예상하지 못했던 경쟁자가 진입할 수 있는 잠재적 경쟁을 말합니다. 잠재적 경쟁자가 진입할 수 있는 진입장벽이 낮으면 낮을수록 업계의 매력도는 떨어집니다. 일반적으로 말하는 진입장벽은 거액의 투자를 통한 규모의 경제, 법적 규제, 기존 기업의 브랜드력 등이 있습니다.

3) 대체품 출현 위협 요소

해당 산업에서 새로운 제품의 등장으로 인해 기존제품의 사업성이 악화될 수 있습니다. 이러한 대체상품은 일반적으로 고객의 니즈가 동일하며 형태가 달라지게 됩니다. 안경이 아닌 콘택트렌즈 혹은 나이키가 아닌 닌텐도와 같은 경우가 대표적 사례입니다. CRM을 활용하거나 제품의 로열티를 강화하는 등의 퇴출장벽을 구축해야 합니다.

4) 공급자 협상력 요소

해당 산업의 제품을 제조하는 데 필요한 원료를 제공하는 업체가 적거나 유일하고 해당 제품이 자사에게 중요한 상품인 경우 공급자와의 협상력에서 열위를 가지게 됩니다. 이러한 경우 원가상승의 원인이 되어 수익성 악화로 연결될 수 있는 위협이 됩니다. 원료공급을 다양화할 수 있는 다채널의 구축을 통해 협상력을 높여야 합니다.

5) 사용자 협상력 요소

해당 산업의 제품을 구매하는 사용자들이 적거나 유일하고 구매 볼륨이 매우 큰 경우, 또는 사용자가 구매업체를 쉽게 변경해버릴 수 있는 경우 사용자와의 협상력은 열위를 가지게 됩니다. 이러한 경우 매출 하락의 원인이 되는 위협 요소로 작용할 수 있습니다.

도표 1-3 | 5Forces 분석도구

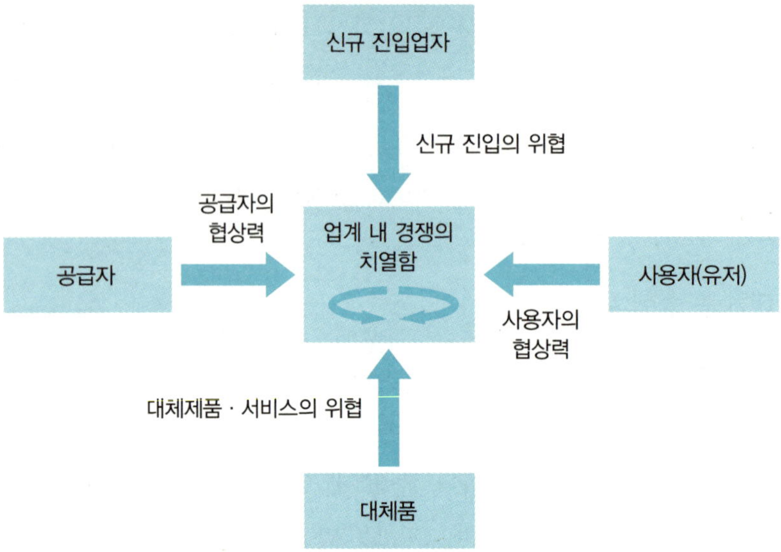

THINKING

실제 기업을 선정하여 해당 기업의 5Forces 분석을 진행해 봅시다. 분석할 기업의 특정 산업을 선정한 후, 오른편의 5Forces에는 현재의 상황을 작성하고, 왼편에는 10년 전의 산업 상황을 작성합니다. 각 박스 우측 상단에는 경쟁 정도를 1~10 척도로 평가합니다. 1(경쟁이 거의 없음)~10(경쟁이 매우 치열함). 10년간 특정 산업의 매력도가 어떻게 변화해 왔는지 알 수 있습니다.

도표 1-4 I 5Forces 분석 사례연구

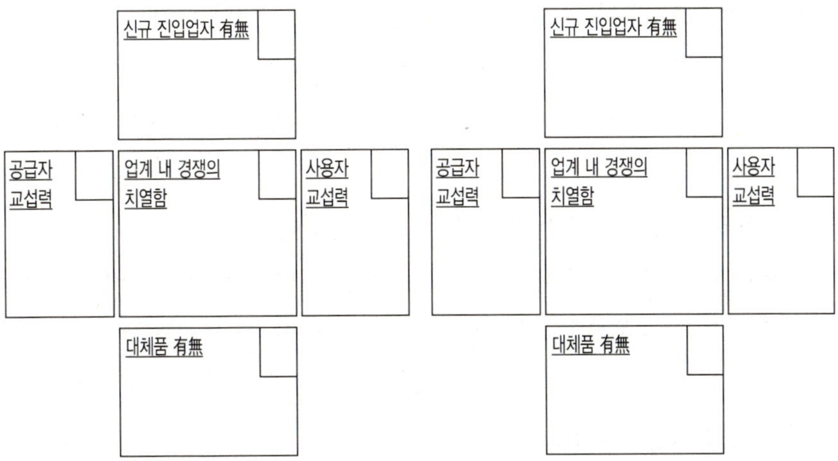

3. STP 분석

기업의 유한한 자원을 최대한 활용하여 최고의 성과를 창출하기 위해 집중해야 할 시장을 세분화(Segmentation)하고 목표시장을 선정(Targeting)하여 목표시장에 제품을 적절히 포지셔닝(Positioning)할 때 사용되는 프레임워크입니다. 기업의 제품과 서비스가 제공되는 시장을 명확히 하는 것은 매우 중요합니다. 왜냐하면 기업이 모든 시장의 모든 소비자를 만족시키는 것은 불가능한 일이기 때문입니다. 전체 시장을 공략하기보다 성공 확률이 높은 세분화된 시장을 선택하는 것이 자원 활용에 있어 매우 효과적입니다.

1) 시장세분화(Segmentation)

비슷한 니즈를 소유하고 있으며, 기업의 특정 마케팅전략 어프로치에 대해 비슷한 반응을 보이는 집단을 세분화된 시장으로 정의할 수 있습니다. 모든 상황에서 효과적인 시장세분화의 기준은 없고 상황에 따라서 의미 있는 기준은 변화합니다. 자동차산업에서 의미 있는 변수는 소득이 될 수 있고 의

류시장에서는 상표충성도 등이 기준이 될 수 있습니다. 세분화된 시장을 분류할 때 크게 네 가지의 기준으로 구분하면 이해하기 쉽습니다.

- **지리적 기준**: 지역(도시 · 교외), 인구밀도, 기후 등
- **인구 동태적 기준**: 성별, 소득수준, 연령, 종교, 직업, 학력, 교육수준, 가족구성 등
- **심리적 기준**: 라이프스타일(아웃도어 · 인도어), 개성 등
- **구매행동적 기준**: 구매동기, 구매행동단계, 상표충성도, 소비자가 추구하는 편익, 사용상황, 사용빈도 등

2) 목표시장 선정(Targeting)

시장을 세분화한 다음에는 어떤 시장을 공략할 것인지를 정해야 합니다. 하나의 시장을 대상으로 할지, 두 개 이상의 시장을 대상으로 할지 선정해야 하는 결정하는 것이 목표시장 선정 단계입니다. 기업이 선택가능한 목표시장 선정 옵션은 비차별적 마케팅, 차별적 마케팅, 집중적 마케팅으로 크게 세 가지가 존재합니다.

- **비차별적 마케팅**: 세분화된 시장 간의 차이를 무시하고 하나의 제품으로 전체시장을 공략하는 것을 말합니다. 이는 소비자들의 공통된 수요에 중점을 두고 어프로치하는 것으로 소비자들의 기호가 크게 차이가 나지 않는 상품에 사용합니다. 비차별적 마케팅은 대량생산을 통한 원가우위 및 마케팅비용 절감효과가 있습니다. 주로 디즈니, 코카콜라 등에서 사용하는 마케팅 방식입니다.
- **차별적 마케팅**: 여러 개의 표적시장을 선정하고 각각의 표적시장에 적합한 마케팅 믹스(4P)를 적용하는 것입니다. 자동차의 브랜드별 다양한 제품에서 활용되는 마케팅이 그 예라고 할 수 있습니다. 차별적 마케팅은 다양한 마케팅 믹스로 소비자 욕구에 적합한 제품 제공이 가능해져 매출 증대를 기대할 수 있지만 각 세분시장에 적합한 마케팅 믹스

개발에 많은 비용이 지출되는 경향이 있습니다. 효과도 크지만 비용도 크기 때문에 감당할 수 있는 수준의 비용 수준인지 사전에 조사해야 할 필요도 있습니다. 현대자동차, 토요타자동차 등의 회사가 사용하는 방식입니다.

- **집중적 마케팅**: 하나 혹은 적은 수의 시장에 집중하여 높은 경쟁력을 발휘하는 것을 목적으로 하는 것을 말합니다. 이는 기업의 자원이 제한되어 있는 경우에 사용됩니다. 시장의 니즈를 누구보다 정확하게 파악 가능하다는 장점도 있지만 시장 소비자들의 기호가 변하거나 강력한 경쟁자가 시장에 진입할 수 있는 위험도 존재합니다. 주로 페라리, 롤렉스시계 등의 회사가 사용하는 방식입니다.

3) 포지셔닝(Positioning)

특정 시장에 있어서 고객 관점에서의 자사 제품의 위치, 인식 등을 설명하는 것이 포지셔닝입니다. 즉 소비자들의 인식 속에 자사의 제품이 경쟁사의 제품과 비교되어 자사 제품의 특징을 명확하게 인식할 수 있도록 하는 활동이 포지셔닝의 주요 내용이라고 할 수 있습니다. 포지셔닝의 유형에는 제품 속성과 편익에 의한 포지셔닝, 이미지 포지셔닝, 사용 상황에 따른 포지셔닝, 제품 사용자에 의한 포지셔닝, 경쟁자에 의한 포지셔닝으로 구분할 수 있습니다.

- **제품 속성과 편익에 의한 포지셔닝**: 제품의 주요 속성, 예를 들어 가격, 품질, 스타일, 기능 등과 같은 편익에 따라 포지셔닝하는 방법을 말합니다.
- **이미지 포지셔닝**: 제품에서 긍정적인 이미지가 연상되도록 하는 포지셔닝입니다. 주로 친근한 이미지를 주기 위한 감성적 어프로치가 주된 내용을 이루고 있습니다.
- **사용 상황에 따른 포지셔닝**: 제품의 사용 상황을 구체적으로 제시하는

방법을 말합니다. '운동 후 갈증해소용 음료는 게토레이' 등의 사례가 바로 그것입니다.

- **제품 사용자에 의한 포지셔닝**: 해당 제품을 사용하는 데 적합한 사용자 집단을 통해 포지셔닝하는 방식을 말합니다. 버지니아 슬림이라고 하는 담배는 여성을 모델로 하여 여성이 사용하도록 포지셔닝하였으며 현대자동차의 그랜저는 성공한 젊은 사업가를 모델로 사용하여 젊은 사업가들이 탈 수 있도록 포지셔닝하였습니다.
- **경쟁자에 의한 포지셔닝**: 해당 제품을 경쟁자 브랜드와 비교하여 부각시키는 포지셔닝 방법입니다.

도표 1-5 | STP 분석 이미지

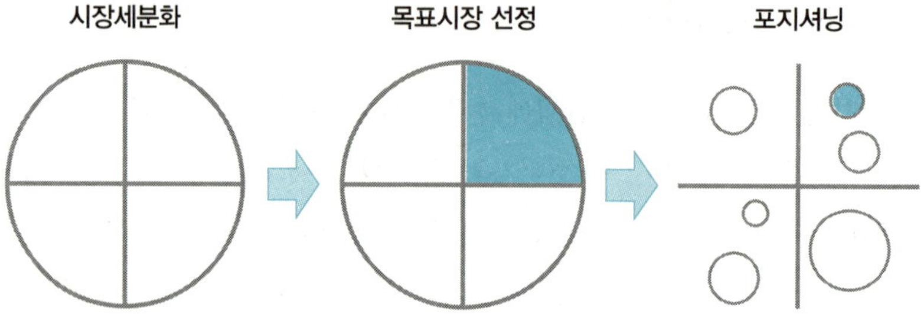

THINKING

선호하는 제품 하나를 선정하여 그 제품이 속한 시장을 세분화하고 세분화된 시장에서 목표시장을 선정하고 포지셔닝까지 작성해 봅시다.

도표 1-6 I STP 분석 사례연구

시장세분화 (Segmentation)	목표시장 선정 (Targeting)	포지셔닝 (Positioning)

기업의 내부환경 분석도구

1. 7S 분석

기업이 성공적으로 전략을 수행하고 희망하는 비전의 모습에 도달하기 위해서 외부환경의 분석을 통한 전략 수립과 동시에 필요한 것이 전략을 수행할 수 있는 조직 내부역량의 확보입니다. 조직의 내부역량 수준을 가늠할 수 있는 검증된 프레임워크가 바로 7S 분석도구인데, 7S는 조직역량에 영향을 미치는 대표적인 일곱 가지 요소들을 정리한 것입니다. 이들 요소들은 유기적으로 상호 연결되어 있는 것이 특징이어서 어느 한 부분이 뛰어나다고 탁월한 역량을 발휘할 수 있는 것이 아니라 일곱 가지의 요소들의 긍정적 상호작용이 비로소 조직의 내부역량으로 발현된다고 할 수 있습니다. 7S는 조직의 전체적 관점에서 조직의 역량을 이해하고 바람직한 방향으로 조직의 역량을 개발하는 데 중요한 틀을 제공합니다. 또한 7가지 요소들을 점검함으로써 조직의 문제점을 진단하고 외부환경의 변화에 적합한 조직 내부역량을 점검할 수 있도록 힌트를 줍니다.

1) Shared-value(공유가치)

공유가치는 조직에서 널리 공유되고 있으며, 중요한 원칙으로서 사용되는 핵심 또는 근본적인 가치를 말합니다. 조직구성원의 행동이나 사고를 특정한 방향으로 이끌어가며 조직이념과 같은 문화, 가치, 목표 등이 대표적인 예라고 할 수 있습니다.

2) Strategy(전략)

전략은 조직의 목표를 달성하기 위해 계획을 수립하고 자원을 배분하는 방식들입니다. 공유가치와 함께 조직을 특정한 방향으로 이끌어가며, 특정한 계획이나 정책 등을 들 수 있습니다.

3) Skill(조직능력)

기술은 조직 전체 또는 조직의 구성원이 가지고 있는 핵심역량을 의미합니다. 전략을 실행하기 위한 수단으로 사용하며, 전략 또는 시대가 변하면 기술도 변화합니다. 물적 · 인적 관리기술 등을 예로 들 수 있습니다.

4) Structure(조직구조)

구조는 조직 전체가 상호 연결되어 있는 방식을 의미합니다. 전략을 실행해 나가는 틀로서 기계적 · 유기적 조직구조 등을 들 수 있습니다.

5) System(운영체계)

시스템은 조직관리를 위해 반복적인 과정을 일련의 틀로 구체화한 것입니다. 주로 공식화와 분화의 정도를 통해 조직의 시스템을 파악할 수 있습니다.

6) Staff(인적자원)

구성원은 조직이 필요로 하는 사람의 유형을 의미합니다. 조직의 공유가치와 일치하는 구성원을 선발 및 조직화하여 조직의 목표를 달성해 나가게 됩니다.

7) Style(조직문화)

스타일은 경영자의 전반적인 조직관리 방식을 의미합니다. 조직의 전반적인 분위기에 영향을 미치며 개방적 · 참여적 · 제한적 스타일 등을 들 수 있습니다. 또한 전반적인 조직의 문화를 말하기도 합니다.

도표 1-7 | 7S 분석도구

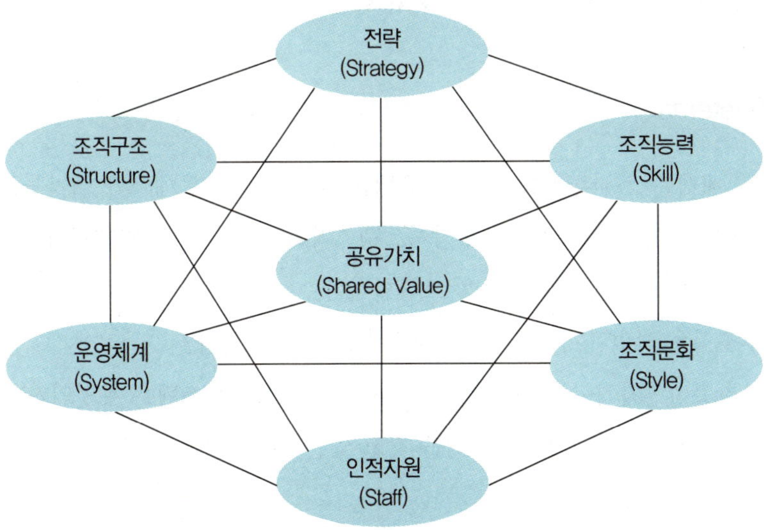

7S 분석도구 각 요소들을 명확하게 하기 위한 질문들은 다음과 같습니다.

1) Strategy

전략은 경쟁우위 확보를 위한 방법을 말합니다.

① 지속적 경쟁우위를 위한 회사의 원천은 무엇인가?

예 생산 코스트, 품질, 서비스, 기술적 리더십 등

② 사업활동에서 무엇이 전략적 우선순위에 드는가?

예 신시장 침투, 신제품 개발, 리드타임 단축, 고객서비스 개선 등

2) Structure

조직구조는 수행과업을 전문화, 세분화하고 그에 따른 권한을 분할하는 방식으로 필요 활동들을 그룹핑하고 그룹 간 관련성(relationships)을 조직 하부 단위에 리포팅하는 과정에서 조직 내 활동들과 구성원들이 조정 · 통합되는 메커니즘입니다.

① 기본적 조직구조의 형태는 어떠한가?

② 조직은 어떻게 집중화되고 분권화되는가?

③ 조직 하부 단위의 상대적 지위와 힘은 무엇인가?

3) Systems

운영체계는 조직관리를 위해 사용되는 공식적인 프로세스와 절차들로 경영관리시스템, 성과측정 및 보상시스템, 기획, 예산편성, 자원할당시스템, 정보시스템 및 배분시스템 등을 포함합니다.

① 조직은 사업 운영에 필요한 시스템을 갖고 있는가?

② 최고경영자가 회사를 운영하는 데 필요한 경영시스템은 무엇인가?

③ 최고경영자가 가장 큰 관심을 갖고 있는 것은 무엇인가?

4) Staff

인적자원은 사람들과 그들의 배경, 역량, 리쿠르팅, 선택 및 사회화를 위한 조직의 접근방법으로 사람 계발, 훈련, 사회화, 통합하는 방법과 조직구성원들의 경력관리 방법입니다.

① 조직은 사람들을 어떻게 리쿠르팅하고 교육하는가?

예 공식적 훈련, 멘토링, 스트레칭 업무 할당 등

② 경영업무와 관련된 조직구성원의 인구통계학적 특징은 무엇인가?

예 배경, 교육, 나이, 성, 국적, 경력 등

③ 조직에서 가장 강력한 리더들은 어디에서 발견되는가? 또한 가장 약한 리더들은 어디에서 발견되는가?

예 기능파트, 생산파트, 연구파트, 영업파트 등

5) Skills

조직능력은 조직 내에서 그 존재가 구별될 수 있는 특이한 역량, 사람들, 경영 관행, 시스템, 기술 등을 말합니다.

① 회사가 특히 잘하는(좋은 성과를 가져오는) 비즈니스활동은 무엇인가?

② 조직이 개발해야 할 필요가 있는 새로운 능력은 무엇이며, 미래 경쟁우위를 확보하기 위해 학습해야 할 것은 무엇인가?

6) Style

조직문화는 최고경영자의 리더십 스타일과 조직의 전체적인 운영관리 스타일로 조직구성원들이 따르는 규범과 그들 상호 간 또는 고객들과 일하고 상호 교제하는 데 영향을 주는 방법적 요소를 말합니다.

① 최고경영자들은 어떻게 의사결정을 하는가?

예 참여적 성격, 상명하달의 지시적 성격 등

② 매니저들은 자신들의 시간을 어떻게 사용하는가?

예 현업에서 고객들과의 비공식 미팅이나 비공식 대화에 시간을 사용하는가?

7) Shared Values

공유가치는 조직에서 널리 공유되고 있으며, 중요한 행동원칙으로 사용되는 핵심 또는 근본적인 가치를 말합니다. 이러한 가치들은 조직구성원의 주의를 집중시키고, 보다 넓은 목적의식을 갖도록 하기 때문에 큰 의미를 지닙니다.

① 사람들은 회사의 존재이유에 대하여 공유된 이해를 갖고 있는가?

② 사람들은 회사의 비전에 대하여 공유된 이해를 갖고 있는가?

③ 최고경영자에 대한 최대(최소)의 지원은 어떤 유형의 내용을 담고 있으며, 어떤 때에 행해지는가?

예 단기 및 장기, 내부 및 외부 등

④ 사람들은 회사가 타 회사와 구별될 수 있는 정체성들을 어떻게 설명하는가?

예 품질을 우선하는 기업, 사람의 중요성을 강조하는 기업 등

THINKING

기업을 하나 선정하여 그 기업의 7S 요소들을 파악해 봅시다. 각 항목들을 명확히 하는 질문들을 참고로 하여 어떤 항목들이 강점을 가지고 있으며 어디가 약점인지 생각해 봅시다.

도표 1-8 | 7S 분석 사례연구

2. Value Chain(가치사슬) 분석

기업의 밸류체인은 제품의 원료 공급자에서 최종 소비자에 이르는 프로세스에 참여하는 모든 기능들의 가치창조활동을 분석하는 것입니다. 이를 통해 기업의 경쟁우위를 창출하기 위해서 필요한 기능들이 어디에 있는지 파악하고 개선에 필요한 통찰을 제공해 줍니다. 기업의 밸류체인 분석의 목적은 크게 두 가지가 있는데, 비용의 우위를 확보하기 위한 기회를 파악하기 위한 것과 제품과 서비스에 차별화를 도모할 수 있는 기회를 파악하는 것이 바로 그것입니다. 밸류체인은 기업이 수행하는 모든 활동은 프로세스로 구성이 되며, 이러한 모든 활동은 다음의 두 가지 주요 범주로 분류했습니다.

1) 본원적 활동

- 구매 및 투입: 재고관리 및 취급
- 제조, 생산: 투입요소를 최종 제품과 서비스로 생산
- 유통: 생산된 상품과 서비스를 유통
- 마케팅, 판매: 마케팅, 가격 책정 및 채널관리
- 서비스: 판매 후 지원

2) 지원활동

- 기술 개발: R&D, 정보기술 등
- 인력 개발: 채용, 인사제도, 인사노무, 교육훈련, 노사관계 등
- 기업의 기반구조: 회계, 법률, 기획 등

도표 1-9 | Value Chain(가치사슬)

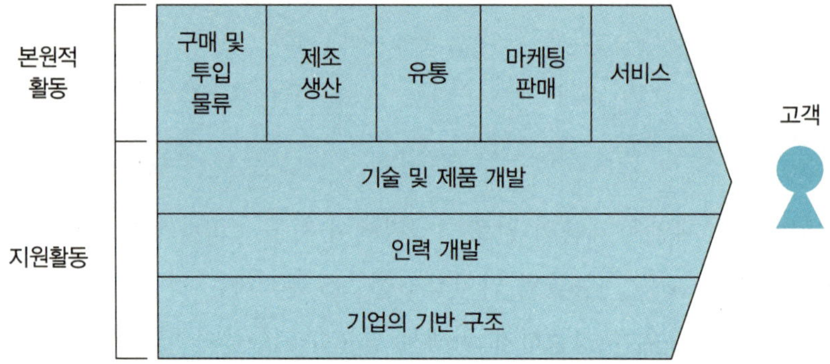

THINKING

기업을 선정하고 그 기업의 Value Chain을 분석해 봅시다. 보다 성과를 만들어 내기 위해서 더욱 강화해야 하는 부분이 어디일가요? 또는 없애거나 약화시켜야 하는 부분은 어디일까요?

도표 1-10 I Value Chain(가치사슬) 분석 사례연구

3. VRIO 분석

VRIO는 Value(경제가치), Rarity(희소성), Imitability(모방가능성), Organization(조직)의 약자로 기업이 가지고 있는 내부자원의 유효 활용가능성을 검토하는 데 유효한 프레임워크입니다. VRIO는 Resource Based View(RBV)에 기반한 도구인데 RBV란 기업 고유의 자원을 경영의 자원으로 활용함으로써 경쟁우위를 획득하는 경쟁론에 해당합니다. 제이 바니(Jay Barney) 교수가 〈지속적 경쟁우위의 원천(*Sources of sustainable competitive advantage*)〉이라는 본인의 저서에서 제시한 모형입니다. RBV에서는 기업이 가지고 있는 자산, 인재, 기술력, 브랜드, 제조공정, 조직문화 등 다양한 경영자원 중에서 경쟁사가 쉽게 모방할 수 없는 자원이 경쟁우위의 원천이 된다고 말합니다. VRIO의 내용은 다음과 같습니다.

1) Value(경제가치)

특정 경영자원을 보유하여 외부환경의 기회를 활용하거나 위협을 회피할 수 있는 능력입니다.

2) Rarity(희소성)

특정 경영자원을 보유하고 있는 기업이 소수임을 의미합니다.

3) Imitability(모방가능성)

특정 경영자원의 획득, 개발, 모방에 소요되는 비용이 매우 커서 쉽게 모방할 수 없는 것을 의미합니다.

4) Organization(조직)

특정 경영자원을 활용하기 위한 조직적인 활동을 말합니다.

도표 1-11 I VRIO 평가에 의한 경쟁적 영향

Value (가치가 있는가?)	Rarity (희소한가?)	Imitability (모방에 비용이 많이 들어가는가?)	Organization (조직에 의해 최대한 활용되는가?)	경쟁적 영향
아니오				경쟁적 불이익
예	아니오			경쟁적 동등성 (parity)
예	예	아니오		일시적인 경쟁적 이익
예	예	예	아니오	활용되지 않는 경쟁적 이익
예	예	예	예	일관된(sustained) 경쟁적 이익

THINKING

기업 혹은 기업의 특정 산업을 선정하고 그 기업의 VRIO 분석을 진행해 봅시다. 분석 결과 그 기업이 시장에서의 경쟁적 영향은 어떠한 상태인지 생각해 봅시다.

도표 1-12 I VRIO 분석 사례연구

Value (가치가 있는가?)	Rarity (희소한가?)	Imitability (모방에 비용이 많이 들어가는가?)	Organization (조직에 의해 최대한 활용되는가?)	경쟁적 영향

4. Experience Curve(경험곡선) 분석

경험곡선은 누적 생산량 혹은 경험이 두 배로 증가함에 따라 비용이 일정하게 감소하는 것을 의미합니다. 제품의 단위당 실질 코스트는 누적되는 경험의 양이 증가할수록 일정 비율로 저하되는데, 대략 누적 경험치가 2배가 되면 코스트가 20%에서 30% 정도로 떨어집니다. 경험곡선의 효과는 기업이 일상적인 활동을 하면서 자연적으로 얻어지는 것은 아닙니다. 기업이 경험곡선이 갖는 비용효과를 창출하기 위해서는 다음의 발생 요소들을 이해하는 것이 중요합니다.

1) 학습

경험곡선이 존재하는 가장 큰 이유는 인간은 지속적 · 반복적인 활동을 통해 해당 일에 익숙해진다는 사실입니다. 이렇게 반복된 행위를 통해 획득한 경험은 업무의 생산성 향상을 가져오게 되고 결과적으로 총생산비용을 효과적으로 감소시키게 됩니다.

2) 전문화

해당 업무 담당자는 표준화된 프로세스에서 생산성을 극대화할 수 있는 환경에서 업무에 집중이 가능합니다.

3) 프로세스 개선

생산량이 증가하면서 기술의 개선과 효율화, 운영상의 개선이 발생하게 됩니다.

4) 규모의 경제

생산량이 증가하면서 단위당 생산비용이 감소하게 됩니다.

5) 조직구조

생산의 규모가 커지면 구성원 간의 협력, 부서 간 기술 공유 및 통합 등의 시너지효과도 발생하게 됩니다.

6) 저렴한 자본비용

대량생산, 대량판매 등으로 성장한 기업은 좋은 조건으로 자금조달이 가능해집니다.

7) 저렴한 구매비용

대기업은 작은 기업보다 저렴한 비용으로 원자재를 조달하는 것이 가능합니다.

도표 1-13 | 경험곡선 예시

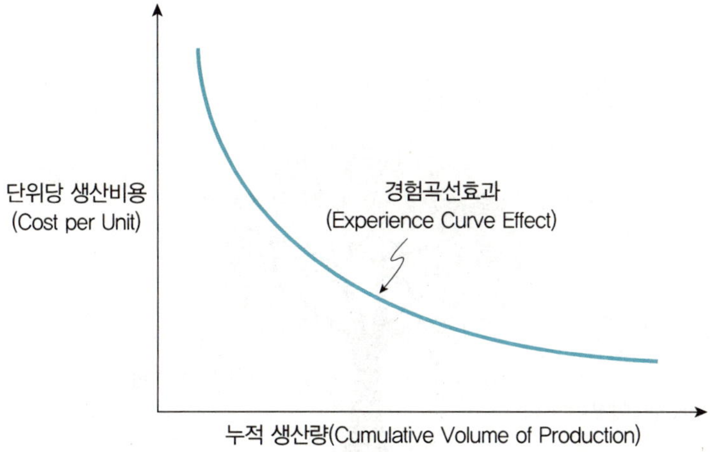

5. Core Competence(핵심역량) 분석

핵심역량이란 런던 비즈니스 스쿨의 게리 하멜(Gary Hamel) 교수와 프라할라드(C.K. Prahalad)가 발표한 이론으로 단순히 잘하는 것이 아닌 경쟁사가 감히 모방하기 불가능한 자사 고유의 유무형의 자산을 말합니다. 마이클 포터(Michael Porter) 교수가 5Forces 분석 모델, 본원적 경쟁전략 등을 통해 기업의 외부환경을 분석과 기업 경쟁론의 중요성을 강조했다면 게리 하멜 교수와 프라할라드는 기업 내부의 역량 수준의 중요성을 강조하고 있으며 기업 내부의 역량의 중요성을 강조한 RBV(자원기반이론)의 성격을 가지고 있다고 할 수 있습니다. 경쟁론이든 자원기반이론이든 무엇이 더 중요하다고 할 수 없으며 두 개념의 적절한 혼용이 중요하다 할 수 있습니다. 핵심역량은 앞서 말한 내부역량 분석 프레임워크인 VRIO 분석을 통해 명확해질 수 있습니다. 우리 조직이 가진 가치(Value)와 희소성(Rarity), 모방가능성(Imitability), 조직역량(Organization) 등이 경쟁사와 비교해 탁월한 수준이 되어 있을 때 해당 기업의 핵심역량이 가치를 발휘할 수 있게 됩니다. 핵심역량을 식물에 비유하자면 경쟁력의 뿌리에 해당되고 개별 상품과 서비스는 열매에 해당합니다.

도표 1-14 | 핵심역량 트리

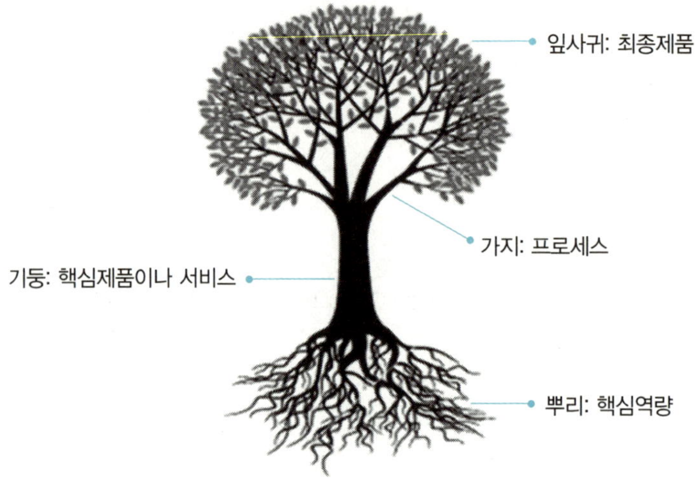

핵심역량은 특정 산업에 있어서의 상품 혹은 서비스가 시장에서의 주도권을 잡는 데 필요한 가장 기초적인 능력입니다. 또한 미래의 새로운 기회를 선점하는 데 필요한 능력입니다. 그러한 이유로 기업들은 핵심역량을 창조하고 키워낼 수 있어야 미래를 보장할 수 있다고 할 수 있습니다. 핵심역량은 기업의 전략 수립에 있어 중심적인 주제가 되어야 합니다. 기업들이 현재 보유하고 있는 기존 핵심역량과 창조해야 할 미래의 핵심역량 및 기존시장과 미래의 새로운 시장이라는 축으로 핵심역량 구축과 관련된 질문을 만들어 보면 [도표 1–15]와 같이 생각해 볼 수 있습니다.

도표 1-15 I 핵심역량 구축에 필요한 질문

핵심역량 \ 시장	현재	미래
미래	현재 시장에서 우리가 보유하고 있는 경쟁우위를 유지하고 확장하기 위해 새롭게 구축해야 하는 핵심역량은 무엇인가?	미래의 매력적인 시장에 참여하기 위해서 새롭게 구축해야 하는 핵심역량은 어떤 것들이 있는가?
현재	현재 시장에서 더욱 우리의 입지를 견고하게 만들기 위해 활용가능한 현재의 핵심역량은 어떤 것들인가?	현재의 핵심역량들을 새롭게 조합하여 얻을 수 있는 상품과 서비스는 없는가?

6. SPRO 분석

SPRO 분석도 기업의 내부역량을 측정할 때 활용하는 도구입니다. SPRO는 Strategy(전략), Process(프로세스), Resource(자원), Organization(조직)을 의미하는데 SPRO는 내부역량 분석만이 아니라 내부역량 간의 시너지 효과를 측정할 때에도 활용가능합니다. 사업 간 혹은 기업 간 시너지효과를 측정할 때의 관점으로 유효합니다.

1) Strategy(전략) 시너지

사업 간 목표 고객이나 상품, 서비스 등이 상호 보완관계에 있거나 공통 이용이 가능할 경우 전략 시너지효과 창출이 가능합니다.

2) Process(프로세스) 시너지

Value Chain(가치사슬)에서 사업 간 상호 보완이 가능하거나 공통 이용이 가능할 경우에 프로세스 시너지효과 창출이 가능합니다.

3) Resource(자원) 시너지

자금, 설비, 인재, 브랜드, 기술 등의 경영 자원에 대해 공통 이용이 가능할 경우에 자원 시너지효과 창출이 가능합니다.

4) Organization(조직) 시너지

간접부문, 조직관리 등 구조의 공통 이용이 가능할 경우에 조직 시너지효과 창출이 가능합니다.

도표 1-16 | SPRO 분석도구를 활용한 시너지

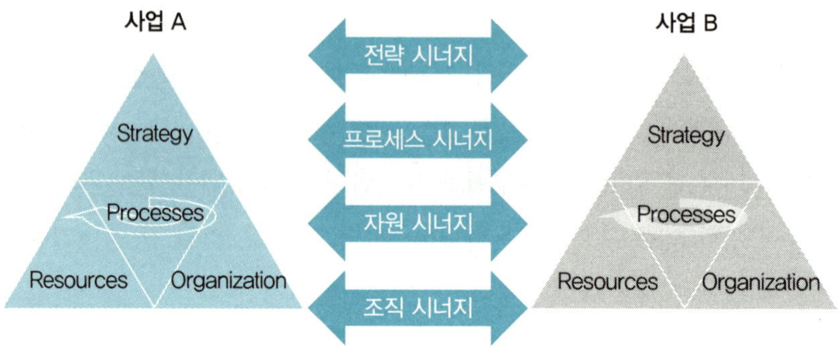

THINKING

SPRO를 활용하여 실제 시너지효과를 창출한 케이스를 작성해 봅시다.

도표 1-17 I SPRO 분석 사례연구

4가지 시너지	기업 혹은 사업	시너지효과
전략 시너지		
프로세스 시너지		
리소스 시너지		
조직 시너지		

기업의 외부 · 내부환경 동시 분석도구

1. 3C 분석

3C 분석도구는 경영전략의 근본적인 질문에 답을 줄 수 있는 중요한 프레임워크입니다. 경영전략은 무엇인가라는 질문에 가장 적합한 대답은 '경쟁에서 이기기 위한 작전' 정도가 될 것입니다. 전략은 '기업의 일정한 목적을 달성하기 위해 특정한 고객을 대상으로 자사 고유의 차별화된 강점을 활용하여 경쟁상대보다 보다 좋은 가치를 제공할 수 있는 상품과 서비스를 제공하기 위한 미래지향적 계획'으로 정의할 수 있습니다. 3C는 이러한 전략의 정의를 설명하기에 최적의 도구입니다. 3C는 Company(자사), Competitor(경쟁사), Customer(고객 · 시장)를 나타내기 때문에 전략의 정의에서 등장하는 모든 키워드가 3C로 설명이 가능합니다.

1) Company(자사) 분석(내부환경)

우리 회사가 특정 분야에서 사업을 진행함에 있어서 활용되는 경영의 기본적인 자원 요소(사람, 상품, 돈, 정보)와 실행 수준을 정성적 · 정량적 수준으로 파악하는 것이 중요합니다. 예를 들어, 매출액, 수익성, 시장점유율, 브랜드 이미지, 기술력, 보유 지식, 인재 등이 분석대상이 됩니다. 실행 수준은 앞서 말한 Value Chain(가치사슬) 분석도구를 활용하여 각 프로세스별 강점과 약점 등을 파악해야 합니다.

2) Competitor(경쟁사) 분석(외부환경)

경쟁상대가 누구인지, 경쟁의 상황은 어떠한지 등에 대해서 파악합니다. 예를 들어, 진입장벽의 수준, 매출수준, 수익성, 경쟁사가 제공하는 가치의 수준, 시장에서의 평가, 경쟁사의 경영자원요소 수준, 경쟁사 조직의 강점과 약점, 영업사원 강점과 약점, 생산능력 등이 분석대상이 됩니다. 경쟁사를 분석함에 있어 모든 경쟁사를 대상으로 분석을 하기에는 방대한 시간과 노력이 소요되므로 전략적으로 중요한 특정 경쟁사만을 대상으로 깊이 있는 분석을 하는 것이 중요합니다.

3) Customer(고객 · 시장) 분석(외부환경)

고객과 시장에 대한 깊은 이해가 필요합니다. 예를 들어, 고객이 중시하는 가치와 니즈(표면적 수준의 니즈(Needs)가 아닌 깊이 있는 원츠(Wants) 수준), 구매결정 프로세스, 구매 특성(언제, 어디서, 어떻게 구매하는가), 구매결정 키맨(B2B시장), 구매의사 결정요인(KBF: Key Byuing Factor) 등이 분석대상이 됩니다.

도표 1-18 I 3C 분석 기본 구조

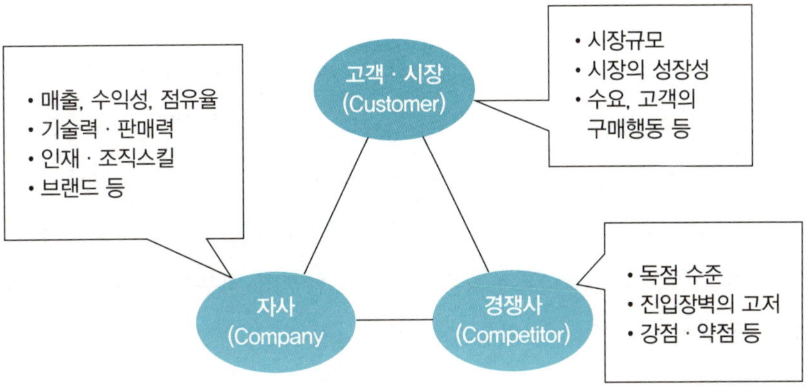

THINKING

기업을 선정하여 그 기업의 3C 분석을 해봅시다. 3C 분석에 필요한 내용들을 확인하고 각 항목별 긍정 요인과 부정 요인을 생각해 봅시다.

도표 1-19 I 3C 분석 사례연구

구분	긍정요인	부정요인
Company (자사)	• • • • •	• • • • •
Competitor (경쟁사)	• • • • •	• • • • •
Customer (고객 · 시장)	• • • • •	• • • • •

2. SWOT 분석

SWOT 분석은 특정 기업이 가지고 있는 '자원'과 기업을 둘러싼 '환경'이라는 두 개의 측면에서 바라보는 도구입니다. 자원은 내부환경, 환경은 외부환경이라 말할 수 있습니다. 전략의 궁극적 목적은 '기업을 둘러싼 외부의 거시적 환경을 분석하고 내부의 미시적 환경을 활용하여 성과를 창출하는 것'이라고 보았을 때 SWOT 분석도구는 내부환경과 외부환경 간의 정합성을 고려하여 전략의 목적 달성가능성을 향상시킬 수 있는 유용한 도구라고 할 수 있습니다. 우리 기업의 Strength(강점), Weakness(약점)는 내부환경 분석 요소이고, Opportunity(기회), Threat(위협)는 외부환경 분석 요소에 해당합니다. SWOT 분석의 가장 기본적인 질문은 다음의 4가지입니다.

1) Strength(강점) 분석

외부환경 변화에 대응하여 수익을 최대화할 수 있는 우리 기업 고유의 강점 요소는 무엇인가?(Strength에 대한 근원질문)

2) Weakness(약점) 분석

외부환경 변화로 인해 수익의 저하를 초래하거나 유발할 수 있는 우리 기업이 가진 고질적인 약점 요소는 무엇인가?(Weakness에 대한 근원질문)

3) Opportunity(기회) 분석

우리 기업이 가지고 있는 강점을 바탕으로 수익을 최대화할 수 있는 우호적인 외부환경의 변화는 무엇인가?(Opportunity에 대한 근원질문)

4) Threat(위협) 분석

우리 기업의 수익을 저하시키는 것뿐만 아니라 사업의 기반을 흔들 수 있는 위협적인 외부환경의 변화는 무엇인가?(Threat에 대한 근원질문)

SWOT 분석도구는 매우 단순하면서 포괄적인 내용을 담는 개념입니다. 그로 인해 수많은 기업들이 전략 수립을 위한 환경 분석 단계에서 널리 이용하는 유명한 분석 모델입니다. 환경 분석(상황 분석)은 올바른 전략을 수립하기 위해 필수과정인데 SWOT만큼 한 번에 많은 요소들을 담을 수 있는 프레임워크는 드물기 때문에 애용하는 도구라고 할 수 있습니다. SWOT 분석도구의 외부환경(기회 · 위협) 분석을 확장한 것이 5Forces(5세력) 분석도구이며, 내부환경(강점 · 약점) 분석을 확장한 것이 Value Chain(가치사슬) 분석도구입니다.

SWOT 각각의 요소에 대한 분석에서 그치면 의미가 없으며 각 요소 간 결합을 통해 전략 수립을 위한 통찰을 끌어내는 것이 중요합니다. SWOT 요소만을 분석한 것은 Simple SWOT 분석([도표 1-20] 참조)이라 하며, 전략의

도표 1-20 | Simple SWOT

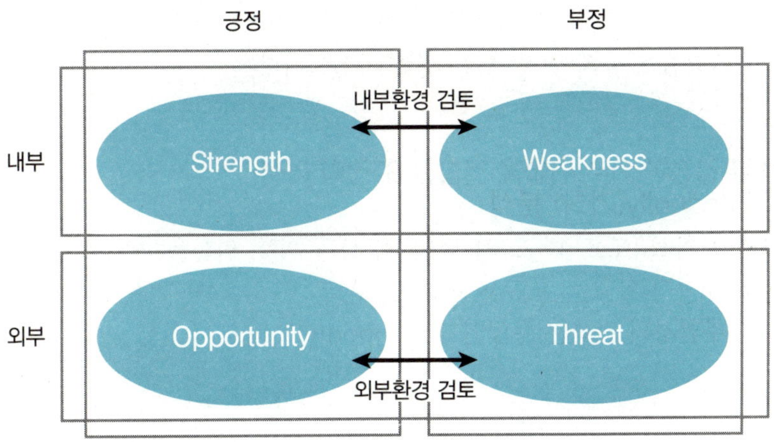

통찰을 도출하기 위해 요소 간 내용을 결합하여 분석, 작성한 것을 Cross SWOT 분석([도표 1-21] 참조)이라고 합니다. 내부환경의 강점 · 약점 요소와 외부환경의 기회 · 위협 요소를 각각 결합하여 4가지의 전략 가설을 세울 수 있습니다.

도표 1-21 | Cross SWOT

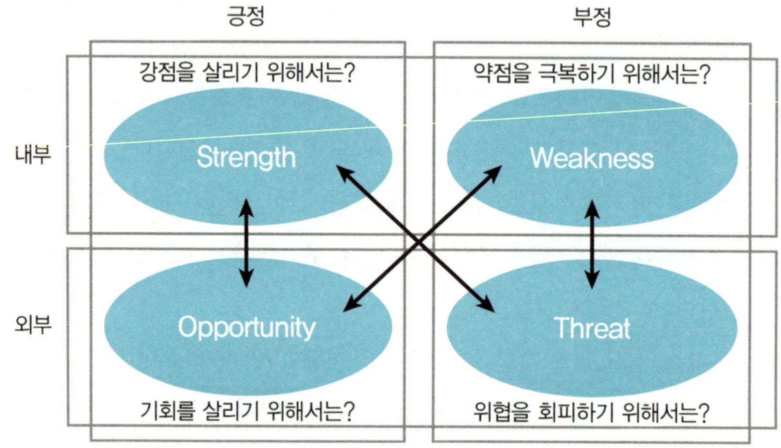

1) 내부 강점과 외부 기회를 결합한 SO전략 가설

SO전략 가설([도표 1-22]의 ⑤번 해당)은 강점과 기회를 결합한 가장 이상적인 결과를 도출해 낼 수 있는 전략 가설입니다.

2) 내부 강점과 외부 위협을 결합한 ST전략 가설

ST전략 가설([도표 1-22]의 ⑥번 해당)은 외부 위협을 기회로 전환시킬 수 있는 것을 도출하는 것이 목적이 됩니다.

3) 내부 약점과 외부 기회를 결합한 WO전략 가설

WO전략 가설([도표 1-22]의 ⑦번 해당)은 외부 기회를 활용할 수 있도록 내부의 약점을 강점으로 전환시키기 위한 전략을 구축하는 것이 목적이 됩니다.

4) 내부 약점과 외부 위협을 결합한 WT전략 가설

WT 상황은 기업에게 있어 최악의 상황입니다. 반드시 피해야 하는 상황입니다. 그러나 이러한 상황에 직면한다면 WT전략 가설([도표 1-22]의 ⑧번 해당)은 피해를 최소화할 수 있는 전략을 구축하는 것이 목적이 됩니다.

THINKING

특정 기업을 선정하고 해당 기업 외부환경의 기회 요소와 위협 요소를 ①과 ②에 작성하고, 내부환경의 강점과 약점을 ③과 ④에 작성합니다. 그 후 ①과 ③을 결합한 SO전략 가설을 ⑤, ②와 ③을 결합한 ST전략 가설을 ⑥, ④와 ①을 결합한 WO전략 가설을 ⑦, ④와 ②를 결합한 WT전략 가설을 ⑧에 작성해 보시기 바랍니다.

도표 1-22 | SWOT 분석 사례연구

구분		①	②
		외부 기회(O)	외부 위협(T)
③	내부 강점(S)	⑤	⑥
④	내부 약점(W)	⑦	⑧

Chapter

02

전략 · 마케팅 분석

경쟁전략 3요소

안정화전략 2요소

마케팅 분석

경쟁전략 3요소

1. 제공가치

앞서 기업의 외부 · 내부 환경을 동시에 분석 가능한 도구로써 3C 프레임워크를 살펴보았습니다. 3C는 Company(자사), Competitor(경쟁사), Customer(고객 · 시장)의 세 가지 관점에서 시장환경을 분석하는 도구인데 자사와 경쟁사는 더 많은 고객과 시장을 점유하기 위해 경쟁하고 있는 관계라고 볼 수 있습니다. 고객 · 시장에게 제공하는 가치가 자사가 경쟁사보다 좋으면 더 많은 이익을 가져올 수 있지만 반대의 경우라면 경쟁사가 더 많은 이익을 가져갈 것입니다. [도표 2-1]과 같이 제공하는 가치는 고객을 향해 있습니다.

도표 2-1 | 경쟁전략에서 제공가치

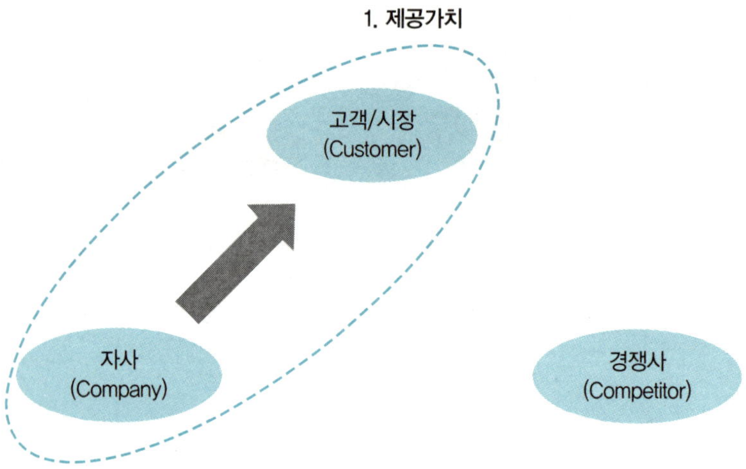

일반적으로 제공가치란 고객이 자사의 제품과 서비스를 이용함으로 인해 얻게 되는 편익과 효용을 말합니다. 고객이 돈을 지불하며 자사의 제품과 서비스를 이용하는 결정적인 이유인 것입니다. 하지만 많은 경우, 고객과 시장에게 제공되는 가치를 유형의 상품과 제품 등에 한정하게 됩니다. 제공하는 가치의 경계를 한정하면 경쟁상대, 고객, 시장을 놓치게 될 수도 있으므로 주의할 필요가 있습니다.

2. 사업 도메인

고객에게 제공할 가치가 정해지면 다음 단계로 사업 도메인을 명확히 해야 합니다. 사업 도메인이란 경쟁이 이루어지는 장소를 말합니다. 자사와 경쟁사가 고객과 시장에게 제공하는 가치가 이루어지는 곳입니다. 경쟁에서 이기기 위해서는 싸우지 않고 이기는 데 필요한 '사업 도메인의 재정의', 싸워서 이기는 데 필요한 '차별화 정의'가 필요합니다. 먼저 사업 도메인의 정의는 [도표 2-2]와 같이 표현할 수 있습니다.

도표 2-2 | 경쟁전략에서 사업 도메인

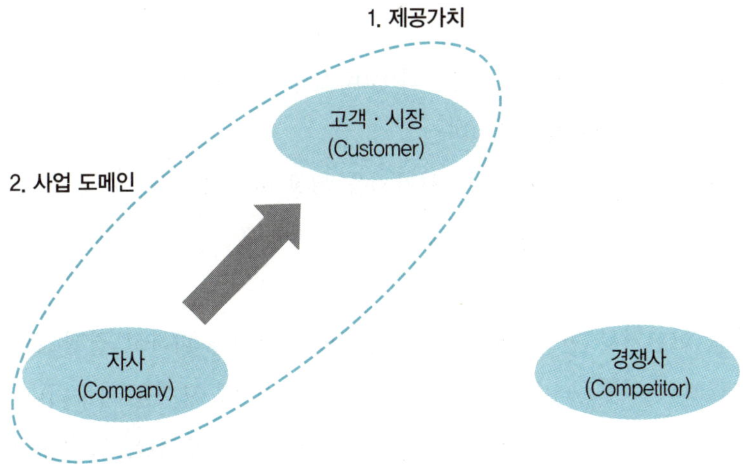

사업 도메인을 설정할 때 반드시 검토해야 하는 부분은 세 가지 정도로 요약할 수 있는데, 먼저 진입하고자 하는 사업 도메인에서 충분한 매출을 예상할 수 있어야 합니다. 충분한 매출을 기대할 수 없는 도메인이라면 진입의 필요성이 떨어집니다. 다음은 우리 회사의 경영자원(리소스)를 활용하여 고객에게 가치가 제공가능해야 합니다. 아무리 충분한 매출이 예상되는 매력적인 도메인이라고 하더라도 활용할 수 있는 리소스가 없다면 의미가 없습니다. 마지막으로 진입하고자 하는 사업 도메인에는 경쟁상대가 적어야 하며 경쟁상대가 너무 강적이 아니어야 합니다. 이는 매우 현실적인 이야기입니다. 충분한 매출을 예상할 수 있으며 우리 회사의 리소스를 충분히 활용할 수 있는 도메인이라고 하더라도 이미 그 도메인에 경쟁상대가 많을 뿐 아니라 도무지 이길 수 없을 듯한 강적이 존재한다면 원하는 결과를 얻기 어렵습니다. 사업 도메인을 설정할 때 검토할 부분 세 가지가 충분히 고려되었다면 도메인을 구성하는 요소를 이해해야 합니다.

일반적으로 사업 도메인은 고객, 편익, 리소스 세 가지 요소로 구성되는데, 이는 사업 도메인을 새롭게 정의할 때 검토해야 하는 중요한 요소입니다.

- **고객**: 우리는 누구에게 제품과 서비스를 제공하는지를 명확하게 합니다.
- **편익**: 우리가 제공하는 제품과 서비스는 고객에게 어떤 편익을 누리도록 하는지 명확하게 합니다.
- **리소스**: 우리는 어떠한 경영자원을 활용하여 제품과 서비스를 제공하는지 명확하게 합니다.

이 중 어딘가를 변경하는 것으로 불필요한 경쟁을 피하고 경쟁우위를 획득하는 경우도 있습니다. 편익과 리소스는 동일한데 고객을 바꾸거나, 고객과 리소스는 동일한데 고객에게 제공되는 편익을 바꾸거나, 고객과 편익은 동일한데 리소스를 바꾸거나 하는 식으로 말입니다. 한 번에 여러 개의 요소를 변경하게 되면 기존과 비교하여 전혀 다른 사업이 되어버릴 수도 있으니 주의가 필요합니다.

도표 2-3 I 사업 도메인 구성 3요소

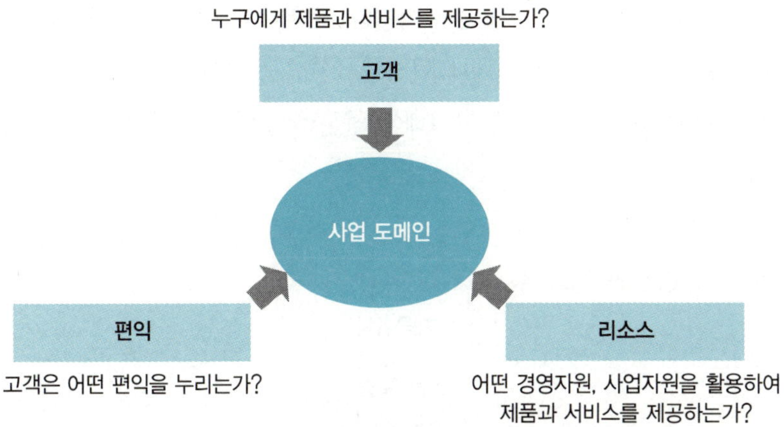

THINKING

사업 도메인을 성공적으로 전환한 기업의 사례를 생각해 봅시다. 고객, 편익, 리소스 3요소 중, 어디를 변경하여 어떠한 사업 결과를 창출하였는지 조사하여 작성해 봅시다.

도표 2-4 I 사업 도메인 구성 3요소 전환 사례연구

고객	
편익	
리소스	

→

고객	
편익	
리소스	

3. 차별화

우리 회사가 고객에게 제공하는 가치를 어떻게 향상시킬 것인지 생각하듯이 동일한 사업 도메인의 경쟁사 역시 그들의 가치를 어떻게 향상시킬 것인지에 대해 필사적입니다. 경쟁에서 이긴다는 것은 결국 고객과 시장이 어디의 손을 들어주는가와 동의어인데 경쟁에서 이기기 위해서는 경쟁사보다 차별화된 가치를 제공하기 위해 고려해야 하는 부분이 무엇인지 명확히 해야 합니다.

도표 2-5 | 경쟁전략에서 차별화

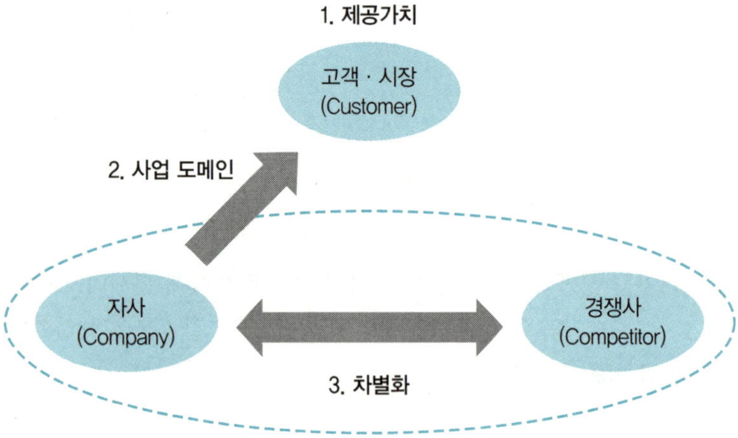

차별화에 대해 이해하기 위해서는 먼저 마이클 포터 교수가 이야기한 본원적 경쟁전략에서 언급되는 세 가지 전략에 대한 이해가 필요합니다. 본원적 경쟁전략은 특정 사업 도메인에서 경쟁우위를 획득하기 위한 방법론을 말합니다. [도표 2-6]에서 보는 바와 같이 본원적 경쟁전략은 원가우위전략(Cost Leadership), 차별화전략(Differentiation), 집중화전략(Cost or Differentiation Focus)의 세 가지 전략으로 구성됩니다. 경쟁전략의 핵심은 한마디로 시장에서의 포지션(싸우는 곳)을 명확히 하고, 어떻게 이길지를 명확히 하는 것(Where to play and how to win)입니다. 그런 이유로 본원적 경쟁전략을 나타내는 매트릭스도 경쟁영역(Where to play)과 경쟁우위(How to win) 두 개의 축으로 구성되어 있습니다.

도표 2-6 | 본원적 경쟁전략

경쟁영역 \ 경쟁우위	저원가	차별화
넓은 영역	**원가우위전략** (Cost Leadership)	**차별화전략** (Differentiation)
좁은 영역	**원가집중화전략** (Cost Focus)	**차별적 집중화전략** (Differentiation Focus)

1) 원가우위전략(Cost Leadership)

넓은 경쟁영역에서 원가를 낮추어 경쟁사 대비 낮은 가격으로 고객 · 시장에게 제품과 서비스를 제공하여 높은 이익을 실현하는 전략입니다. 원가우위전략을 채택하여 성공한 기업은 합리적이고 효율적인 업무 프로세스를 구축해 놓은 경우가 많습니다. Value Chain(가치사슬) 프로세스에서 '구매, 제조' 단계에서 경쟁사보다 탁월성을 발휘해야 실현이 가능합니다. 원가우위전략은 다음의 상황에서 요구된다 할 수 있습니다.

- 구매자들이 간단하게 구매대상을 변경할 수 있는 전환비용이 낮은 보통재(Commodity)의 경우

- 경쟁사들과의 경쟁요소가 가격인 경우
- 브랜드 차별화가 구매자들에게 작용하지 않는 경우
- 대규모 구매자들에 의해 가격 협상력이 없는 경우

2) 차별화전략(Differentiation)

넓은 경쟁영역에서 경쟁사보다 차별화된 전략으로 고객 · 시장에게 제품과 서비스를 제공하는 전략입니다. 차별화된 전략을 채택하여 성공한 기업은 제품, 서비스, 광고 등의 차별화를 통해 높은 부가가치를 고객들에게 제공하고 있습니다. 디자인이나 브랜드 충성도 역시 높은 경우가 많습니다. Value Chain(가치사슬) 프로세스에서 '기획' 단계에서 경쟁사보다 탁월성을 발휘해야 실현이 가능합니다.

3) 집중화전략(Cost or Differentiation Focus)

좁은 경쟁영역에서 원가를 낮춘 원가우위 집중화전략 혹은 고부가가치 차별화를 통한 차별적 집중화전략 중 어느 것을 선택하는 것을 말합니다. 여기에서 좁은 경쟁영역이라는 것은 틈새시장(Niche Market)입니다. 집중화전략은 제한된 자원과 자본을 가진 기업이 특정한 고객군들을 만족시켜 이익을 창출하는 방식입니다.

이와 같이 같은 산업군 내에서 성공하는 기업들에게는 반드시 공통적으로 탁월한 전략이 존재하였습니다. 원가우위전략이든 차별화전략이든 집중화전략이든 상황에 알맞은 본원적 경쟁전략을 제대로 이해하고 실행하는 것이 매우 중요합니다. 본원적 경쟁전략에 대한 이해가 부족하여 어느 것도 명확하게 하지 못한 채 어중간하고 애매모호한 상태(Stuck in the middle)에 빠지게 되는 것은 기업을 심각한 위기에 빠뜨릴 수 있으므로 주의해야 합니다.

THINKING

우리 주변의 다양한 제품과 서비스 중에서 본원적 경쟁전략에 성공한 상품은 어떤 것들이 있을지 생각해 봅시다. 흔히 원가우위전략에 성공한 케이스로 P&G의 아이보리를 말합니다. 아이보리 비누는 최초에 차별화전략에 성공하여 시장에서 인정을 받았으나 시간이 지남에 따라 Stuck in the middle 상황에 빠지게 되었고, 이후 원가우위전략에 성공하며 본원적 경쟁전략의 대표적 케이스가 되었습니다. 월마트의 경우도 높은 시장점유율을 바탕으로 원료 공급자와의 협상력을 높여 원가우위전략을 실현했던 것으로 유명합니다. BMW나 롤렉스의 경우는 높은 고급 브랜드 이미지, 차별화된 디자인과 기능으로 차별화전략에 성공한 케이스입니다. 고디바 초콜릿은 최고 품질의 수제 초콜릿으로 차별적 집중화전략에 성공한 케이스이지요. 이것 외에 우리 주변의 상품과 서비스 중에서 본원적 경쟁전략에 성공한 케이스가 무엇인지 생각해 봅시다. 해당 전략에 해당하는 빈 칸에 작성해 보시기 바랍니다.

도표 2-7 | 본원적 경쟁전략 사례연구

원가우위전략 (Cost Leadership)	차별화전략 (Differentiation)
원가집중화전략 (Cost Focus)	차별적 집중화전략 (Differentiation Focus)

안정화전략 2요소

1. Ansoff Matrix(앤소프 매트릭스)

안정화전략을 논할 때 반드시 등장하는 개념이 바로 앤소프 매트릭스입니다. 단일 사업부를 가진 기업에게 안정화전략은 크게 중요하지 않지만 여러 개의 사업부를 소유한 기업은 안정적 경영을 위한 안정화전략을 반드시 고려해야만 합니다. 하나의 사업부가 실패하더라도 다른 사업부가 보완해 주어 전체 사업의 흔들림이 없도록 안정적 구조를 구축해 두는 것은 중요하기 때문입니다. 앤소프 매트릭스는 기존제품과 신제품, 기존시장과 신시장을 두 개의 축으로 구성하고 있으며 사업 확대의 방향성을 고려할 때 통찰을 줄 수 있는 유효한 도구입니다. 현재의 성과 결과에 만족하지 않고 시장과 제품을 통해 성장과 발전을 도모하는 데 필요한 생각을 촉진합니다.

도표 2-8 | 앤소프 매트릭스

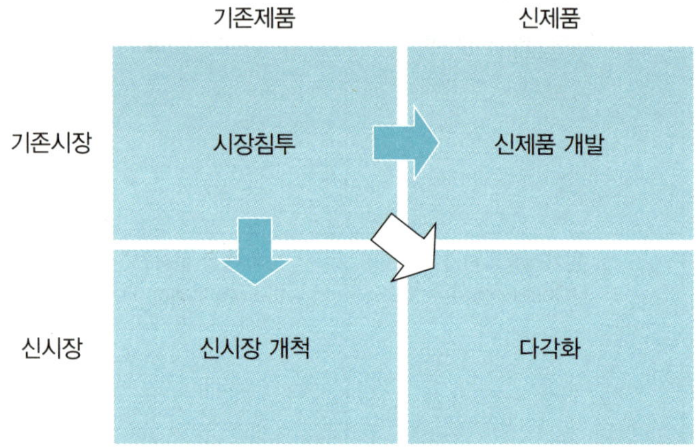

앤소프 매트릭스는 [도표 2-8]과 같이 네 가지의 성장전략 방향성을 도출할 수 있습니다. 각각의 전략 방향성이 가지는 의미는 다음과 같습니다.

1) 시장침투(Market Penetration)

수익성이 높은 기존시장의 경쟁사 고객을 공략하여 시장점유율을 확대하고 기존고객의 제품 사용률을 증가시켜 기업을 성장시키는 방법입니다. 기존시장과 제품을 대상으로 하기 때문에 비교적 안정적인 방법이라고 할 수 있습니다. 과거 생활가전을 제조하던 대기업에서 사용하던 전략이었습니다. 그러나 최근에는 제품의 수명주기가 단축되고 다양한 경쟁사가 출현하면서 시장침투전략만으로는 성과를 지속 창출하는 것이 불가능해졌습니다.

2) 신제품 개발(Product Development)

기존시장에서 새로운 제품을 통해 시장점유율을 확대하고자 할 때 사용되는 방법입니다. 기존시장의 고객들에게 신제품을 추가 판매하는 전략인데 브랜드 충성도가 높은 고객들이 많이 존재하고 고객들과의 커뮤니케이션이 충분히 잘 이루어지고 있는 기업에게는 효과적인 방법이라 할 수 있습니다.

3) 신시장 개척(New Markets Development)

기존제품을 새로운 시장에 판매하여 이익을 창출하는 방법입니다. 주로 판매할 대상 지역을 확대하거나 새로운 판매대상 고객을 다양화하는 방법을 고려합니다. 기존시장에서 매출이 감소하고 신제품 개발이 여의치 않은 상황에서 활용가능합니다. 국내시장이 이미 포화상태라면 해외시장에 진출하는 것도 신시장 개척전략에 해당합니다.

4) 다각화(Diversification)

신제품을 개발하여 신시장을 개척하는 다각화전략은 가장 혁신적인 성장전략이지만 리스크도 매우 큽니다. 다각화의 방법에는 기존제품과 관련된 상품을 개발하여 신시장을 활용하는 관련 다각화와 기존제품과 관련이 없는 새로운 제품을 개발하여 신시장에 판매하는 비관련 다각화가 있습니다. 다각화 성장전략의 성공 확률을 높이기 위해서 중요한 것은 다각화전략을 고려할 때 우리가 경험한 과거의 자산이 무엇인지를 생각해야 합니다. 즉 우리들의 Core Competence(핵심역량)을 활용하는 방향으로 구축하는 것이 실패확률을 최소화시킬 수 있는 길입니다.

THINKING

앤소프 매트릭스를 활용하여 각각의 성장전략을 시도하였던 혹은 성공한 사업들의 사례를 생각해 봅시다. 단, 시장침투전략과 다각화전략을 제외한 신제품 개발전략(신제품을 기존시장에서)과 신시장 개척전략(기존제품을 신시장에서)의 사례를 중심으로 작성해 봅시다.

도표 2-9 | 앤소프 매트릭스 활용 사례연구

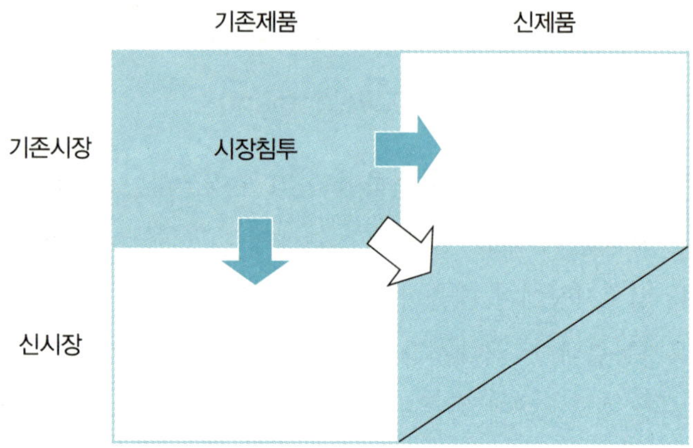

2. Product Portfolio Management(PPM) 분석

기업 내 존재하는 다양한 사업들을 시장성장률과 상대적 시장점유율 두 개의 축으로 설정하고 매트릭스에 포지션하여 각 사업들의 특징을 이해하는 데 유용한 도구입니다. 보스턴 컨설팅 그룹이 만든 도구이기 때문에 BCG 매트릭스라고도 합니다. 한 기업의 여러 사업들을 동시에 보며 유망사업과 사양사업을 판별하고 향후 투자해야 하는 사업이 어디인지, 사업의 위치를 어느 방향으로 진행시켜야 하는지 등에 관한 통찰을 얻을 수 있습니다.

도표 2-10 | Product Portfolio Management(PPM)

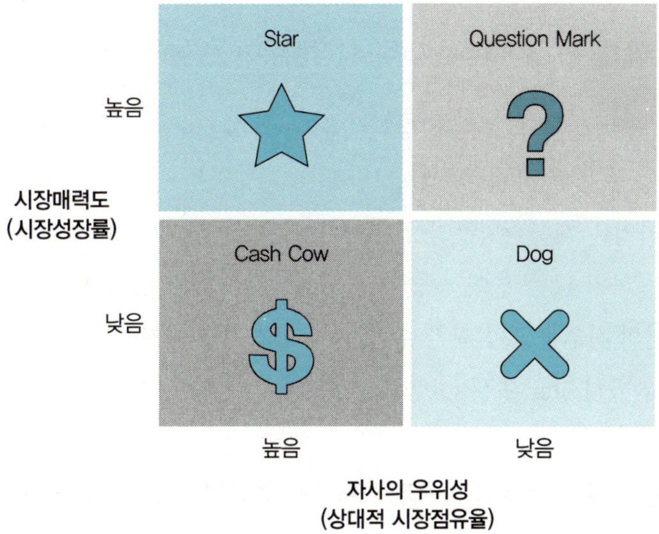

PPM은 상대적인 시장점유율과 시장성장률이라는 두 개의 축을 통해 4개의 분면으로 구성되어 있습니다. 시장성장률과 상대적 시장점유율이 높은 곳에 해당하는 Star, 시장성장률은 높지만 상대적 시장점유율은 낮은 Question Mark, 시장성장률은 낮지만 상대적 시장점유율은 높은 Cash Cow, 시장성장률과 상대적 시장점유율이 모두 낮은 Dog입니다. 각 분면의 특징을 보도록 하겠습니다.

1) 시장성장률과 상대적 시장점유율이 높은 Star

시장성장률이 높은 만큼(시장의 매력도가 높은 만큼) 경쟁자도 많아서 지속적인 투자가 필요합니다. 당장 기대하는 수준의 수익은 아니지만 궁극적으로 성장이 둔화되고 재투자의 필요성이 줄어드는 Cash Cow 분면으로 이동하게 되면 커다란 수익을 창출하는 사업이 될 수 있습니다. Star 분면에 있는 사업들이 취할 수 있는 전략은 시장점유율 확대를 위한 자원의 적극적 투입을 생각할 수 있습니다.

2) 시장성장률은 낮지만 상대적 시장점유율은 높은 Cash Cow

낮은 시장성장률과 높은 시장점유율의 Cash Cow는 높은 현금흐름을 창출합니다. 높은 시장점유율은 경험곡선의 효과를 누린 결과이지만 Cash Cow의 사업은 제품수명주기상 성숙기에 진입하였기 때문에 추가적인 대규모 투자는 하지 않는 편이 좋습니다. Cash Cow에서 창출한 현금은 보다 유망한 분면의 사업을 뒷받침할 수 있는 현금흐름의 원천이 됩니다. 즉 현금은 Cash Cow에서 Star 또는 Question Mark로 재투자됩니다.

3) 시장성장률은 높지만 상대적 시장점유율은 낮은 Question Mark

높은 성장률의 Question Mark는 적극적 현금투자를 필요로 합니다. 낮은 시장점유율은 현금투자를 촉진시키는 결정적 요인이 됩니다. 경험곡선의 누적이 많지 않기 때문에 비용구조상의 편익을 누릴 수 없는 단계입니다. Question Mark에 속한 산업은 점차 성장하면서 두 가지 경로 중 하나를 선택하게 됩니다. 시장점유율이 확대될 수 없다면 Question Mark는 Dog가 될 것이며 반대로 시장점유율이 확대된다면 Question Mark는 Star의 분면으로 이동하게 되며 궁극에는 Cash Cow가 될 것입니다. 유망한 Question Mark산업에는 시장점유율 증가를 위한 현금투자를 진행해야 하지만 불투명하고 유망하지 않은 Question Mark산업은 추가적인 현금투자가 이루어져서는 안 됩니다.

4) 시장성장률과 상대적 시장점유율이 모두 낮은 Dog

낮은 시장성장률(매력적이지 못한 시장)과 낮은 시장점유율이 가지는 의미는 수익성은 기대하기 힘들며 낮은 시장점유율을 유지하는 데 소요되는 현금투자가 상당히 필요한 상황이라는 것입니다. 특히 낮은 점유율은 경험곡선의 누적이 적어 열등한 비용구조를 가지고 있다는 것을 의미합니다. Dog 분면의 산업은 특정 틈새시장(Niche Market)에 집중하는 전략을 통해 이익을 창출하거나 추가적인 투자는 적극 억제하면서 창출되는 현금은 적극 회수하고 비용을 최소화하는 퇴출전략을 고려해야 합니다.

PPM은 앞서 말한 바와 같이 유망사업과 사양사업을 판별하고 자금을 투자해야 하는 사업이 어디인지, 사업의 위치를 어느 방향으로 진행시켜야 하는지 등에 관한 통찰을 주는 도구입니다. 다음의 도표를 보면 자금의 흐름과 사업이 어떤 순서대로 이동하는지 그 순서를 알 수 있습니다.

도표 2-11 I PPM상에서의 자금의 흐름과 사업의 위치변화

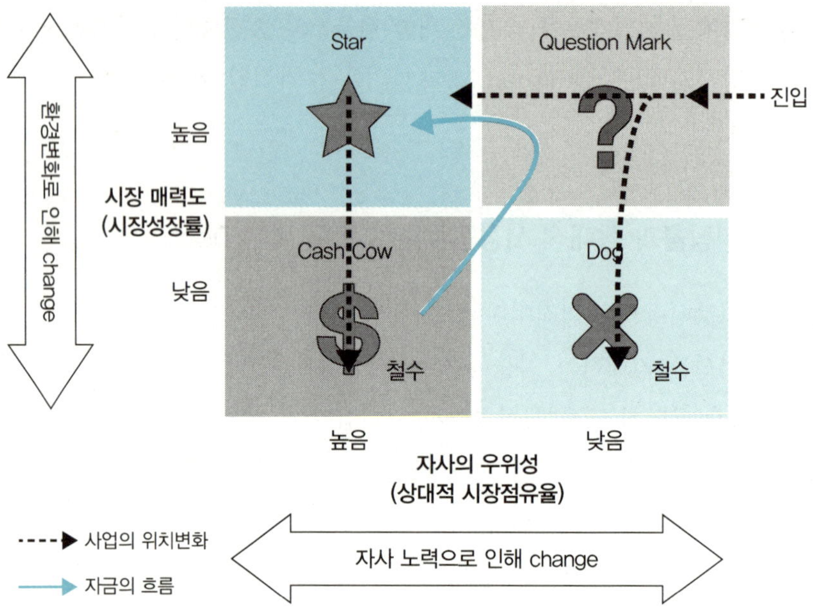

[도표 2-11]에서 알 수 있듯이 일반적으로 대부분의 사업은 Question Mark에서 출발합니다. Question Mark에 대규모 자금을 투입하여 Star로 성장시켜 제품수명주기상 성숙기에 접어들면서 Cash Cow가 되도록 하는 것이 가장 이상적인 사업의 위치 이동 경로입니다. Cash Cow로 이동한 후에는 여기에서 창출한 수익을 Question Mark에 재투자하여 또 다른 Star를 만드는 선순환을 어떻게 구축할 것인가가 중요한 포인트라고 할 수 있습니다.

또한 시장의 성장률(시장의 매력도)은 외부환경 상황에 의해 변화하는 것으로 자사의 노력으로 컨트롤할 수 있는 대상이 아닙니다. 반면에 상대적 시장점유율(자사의 우위성)은 자사의 노력을 통해 컨트롤이 가능한 영역입니다. 이처럼 컨트롤이 불가한 시장의 변화를 제대로 읽고 컨트롤 가능한 자사의 노력을 통해 유의미한 수익을 창출해 내는 것이 중요한데, 그러기 위해 효과적 자금의 흐름과 사업의 위치변화를 이해할 수 있는 시각을 제공하는

도구가 바로 PPM입니다.

THINKING

다음의 PPM은 어느 기업의 산업군을 정리한 것입니다. 바람직한 자금의 투자는 어떤 식으로 이루어져야 하는지 빈칸에 작성해 보기 바랍니다.

도표 2-12 I PPM 분석 사례연구

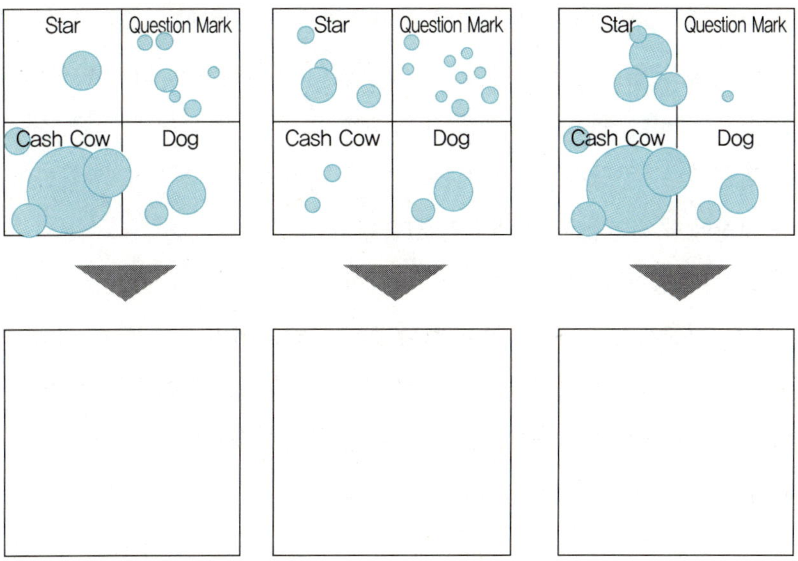

마케팅 분석

1. Needs(수요)

Needs(수요)란 마케팅의 주요 용어 중 하나로 일반적으로 고객 · 시장이 원하는 것을 통칭하여 니즈라는 표현을 사용합니다. 고객과 시장이 원하는 것이 무엇인지 제대로 파악하는 것이 마케팅의 출발이라고 할 수 있습니다. 보통 니즈와 Wants(원츠)를 구분하여 사용하기도 하는데, 니즈란 말한 대로 고객과 시장이 원하는 것입니다. 즉 고객들이 부족하다고 느끼는 무언가를 말합니다. 그러나 원츠는 고객도 미처 깨닫고 있지 못하는 불편함, 부족함 등을 말합니다. 공급자 입장에서는 니즈와 마찬가지로 원츠도 파악하여 고객과 시장에게 제안해 나갈 필요가 있습니다.

결국, 마케팅이란 고객의 니즈를 파악하여 소비 욕구를 불러일으키는 판매구조를 구축하는 것인데 제품의 다양한 계층에서의 니즈가 존재합니다. 제품의 다양한 계층이란 다음의 [도표 2-13]과 같이 3계층으로 나누어져 있습니다. 대부분의 제품에는 3개 계층의 니즈가 존재합니다. 경쟁사보다 차별화를 가지기 위해서 어느 계층의 니즈를 충족시키는 것이 핵심이 될지는 제품마다 차이가 있습니다. 포인트는 고객과 시장이 어느 계층에서 어떤 니즈를 가지고 있는지 신속하게 파악하여 경쟁사보다 발 빠르게 대응해 나가는 것이 중요하다 하겠습니다.

도표 2-13 I 제품의 3개 계층

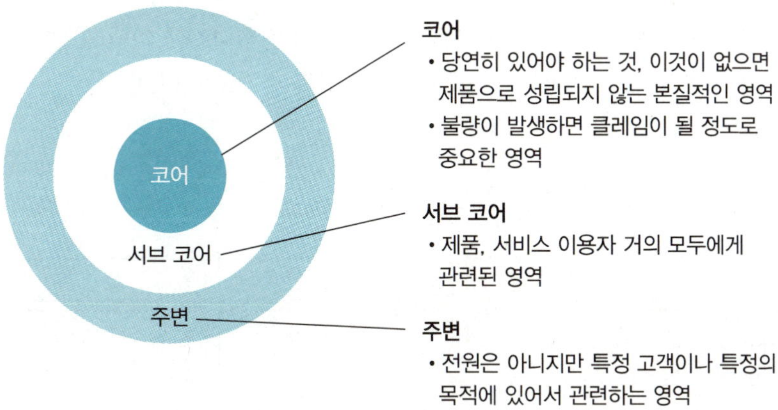

치약의 예를 들어 제품의 3개 계층에 대한 이해를 심화해 봅시다. 치약의 코어 니즈는 어떤 것들이 있을까요? 치약으로서 당연히 있어야 하는 기능이며 이것이 없으면 치약이라는 제품으로 성립되지 않는 영역의 니즈란 무엇일까요? 아마 "입에 넣어도 해가 없거나" "치석이 제거되거나" "입안을 상쾌하게 해주거나" 하는 등의 기본적인 니즈가 될 것입니다.

서브 코어 니즈는 어떤 것들이 있을까요? 제품과 서비스 그리고 그것을 이용하는 고객 모두와 관련된 니즈입니다. "가격이 저렴하거나" "브랜드가 유명하거나" "미백효과가 있거나" 하는 등의 니즈가 될 것입니다. 마지막으로 주변 니즈는 어떤 것들이 있을까요? 고객 모두는 아니지만 특정 일부 고객이나 특정 목적과 관련된 영역에서의 니즈입니다. "치약 용기를 거꾸로 세울 수 있거나" "휴대가 가능하거나" 등의 니즈가 될 것입니다. 이처럼 고객과 시장의 니즈를 바라볼 때 제품의 3개 계층을 고려하여 니즈를 파악한다면 보다 정확한 니즈를 개발하는 것이 가능해질 것입니다.

THINKING

우리 주변의 제품 세 가지를 예를 들어 3개 계층의 니즈를 파악해 봅시다. 예를 들어 자동차, 스마트폰, 노트북 등이 있을 수 있습니다.

도표 2-14 | 제품의 3개 계층 니즈 파악 사례연구

	1.	2.	3.
코어 니즈			
서브 코어 니즈			
주변 니즈			

2. Product Life Cycle(제품수명주기)

기업의 제품은 인간과 마찬가지로 일정한 수명주기를 가집니다. 태어나서 성장하고 성숙하고 소멸되는 과정은 인간과 제품 모두 매우 흡사합니다. 시장에 새로운 제품이 도입되고 나서 시간이 경과함에 따라 단계별로 매출과 이익은 변화합니다. 제품수명주기는 크게 4단계, 도입기(Introduction) → 성장기(Growth) → 성숙기(Maturity) → 쇠퇴기(Decline)로 나뉘게 됩니다. 도입기에는 판매가 그다지 이루어지지 않는 반면 막대한 연구개발비용이 투입되어야 하기 때문에 이익이 제대로 창출되지 못합니다. 성장기가 되어서야 비로소 매출과 이익이 급격하게 증가하기 시작하며, 성숙기에는 매출의 성장 둔화와 이익의 정체 혹은 감소가 보이기 시작하며 쇠퇴기에는 매출과 이익 모두 감소하는 단계입니다. 새로운 제품의 시장 투입은 쇠퇴기가 되어

서는 이미 늦습니다. 미리 준비하여 성숙기 단계에서 시장을 재창조하는 노력을 기울여야 합니다.

도표 2-15 | Product Life Cycle(제품수명주기)

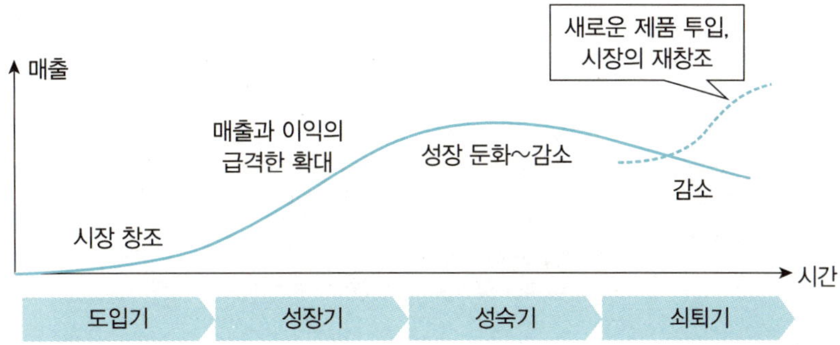

앞서 말한 고객과 시장의 니즈는 제품수명주기에 따라 달라지는데 일반적으로 도입기에서는 코어 니즈, 성장기에서는 서브 코어 니즈, 성숙기에서는 주변 니즈, 쇠퇴기에서는 주변 니즈 일부 순으로 변화해 갑니다([도표 2-16] 참고). 마케팅전략을 구축할 때에는 해당 제품의 수명주기가 어느 단계인지 파악하여 그 단계에서 요구되는 니즈에 대응할 필요가 있습니다.

도표 2-16 | 제품수명주기별 니즈 변화

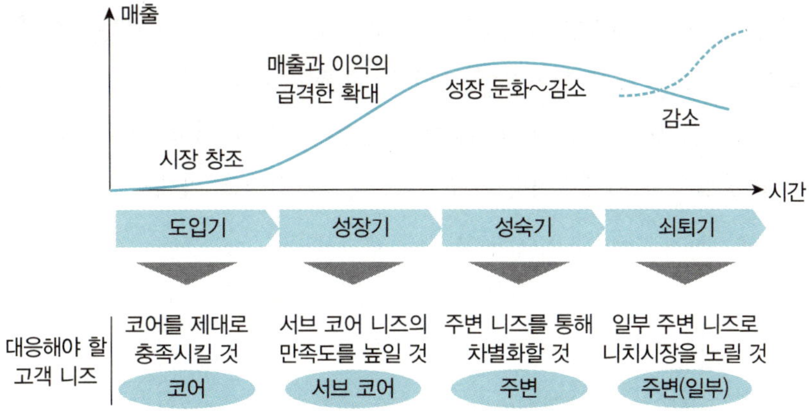

THINKING

특정 제품을 하나 선정하여 그 제품의 수명주기별 시장에서 요구하는 니즈를 분석해 봅시다. 제품수명주기 모든 단계를 검토하기 위해서는 현재 시장에서 성장 중인 제품보다 이미 시장에서 사라진 과거의 제품을 예로 드는 것이 좋겠습니다.

도표 2-17 I 제품수명주기별 니즈 변화 사례연구

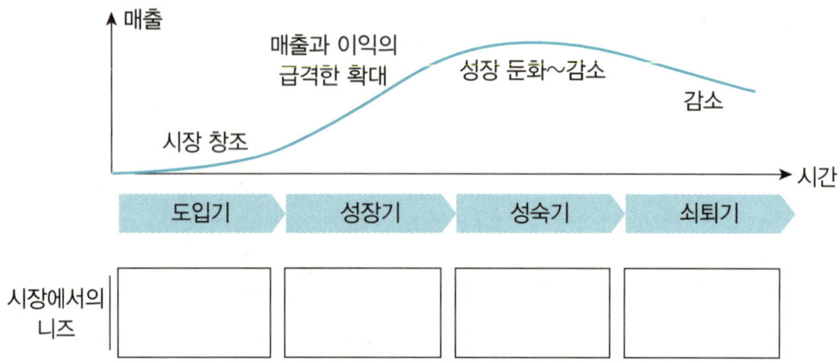

3. Marketing Mix(마케팅 믹스) 4P

타깃 고객이 정해지면 마케팅전략을 수립하는 단계로 넘어가는데 이때 고려해야 하는 네 가지 항목이 있습니다. 제품(Product), 가격(Price), 유통(Place), 판매촉진(Promotion)입니다. 일반적으로 4P라고 불리는 네 가지 항목을 혼합하여 마케팅전략을 수립하는데 그 과정을 마케팅 믹스라고 합니다.

도표 2-18 I Marketing Mix 4P

	내용	고려해야 할 포인트
Product	상품종류, 품질, 디자인, 특성, 이름, 사이즈, 패키지, 보증, 환불규정 등	타깃 고객에게 가치 있는 것은 무엇인가?
Price	표준가격, 할인, 리베이트, 지불기한, 거래조건 등	타깃 고객은 얼마라면 구입할 것인가?
Place	판매채널, 유통범위, 입지, 재고, 운송 등	어디서 판매하면 타깃 고객이 편리할까?
Promotion	판매촉진, 광고, 홍보, DM 등	어떤 판매촉진을 하면 보다 많은 타깃 고객에게 효과적으로 제품을 판매할 수 있을까?

1) Product(제품)

판매하고자 하는 제품은 타깃 고객에게 어떤 가치를 줄 수 있는가에 대한 답을 줄 수 있어야 합니다. 소비자의 욕구를 만족시키는 수준을 넘어 소비자에게 제공되는 종합적인 수준의 Benefit(혜택)이 무엇인지 설명해야 합니다. 소비자는 제품의 품질과 디자인, 브랜드, 환불규정, 애프터서비스 등을 통해 혜택을 받을 수 있습니다. 일반적으로 제품전략은 아래의 세 가지로 분리하여 생각하는 경우가 많습니다.

- **제품 자체의 기능을 통한 Benefit(혜택)**: 소비자는 제품의 기능 그 자체를 보고 구매를 선택하는 경우입니다. 예를 들어 의약품의 경우가 여기에 해당된다고 할 수 있습니다. 약의 효능을 보고 소비자들은 구매를 결정하지 다른 이유로 선택을 하는 경우는 없습니다. 코어 니즈에 해당한다 할 수 있습니다.
- **제품의 디자인 · 브랜드를 통한 Benefit(혜택)**: 제품의 기능과 함께 제품을 완성하기 위해서는 품질 수준, 특징, 디자인, 브랜드, 패키지 등의

다섯 가지를 조합할 필요가 있습니다. 화장품의 경우가 대표적인 예로 제품의 기본 기능 외에 브랜드 등이 구매에 있어 중요한 이유가 됩니다. 서브 코어 니즈에 해당한다 할 수 있습니다.

- 제품의 부수기능을 통한 Benefit(혜택): 품질보증이나 애프터서비스, 배송과 설치 등을 통해 소비자의 구매동기를 촉진합니다. 노트북 등의 경우는 제품의 기능과 브랜드 외에 애프터서비스가 구매동기가 됩니다. 주변 니즈에 해당한다 할 수 있습니다.

2) Price(가격)

가격은 제품의 가치를 정량적으로 수치화한 것인데 소비자가 제품을 구매하기 위해 지불하는 가치를 말합니다. 마케팅에서의 가격은 '품질의 바로미터' 및 '프레스티지(prestige) 지표(현시적 소비)'의 두 가지 측면이 있습니다. 예를 들어 중고차 가격이 10만 원이라면 대부분의 사람들은 "정말 좋은 가격이네. 바로 구입하자"라는 생각보다 "이 차를 구입해도 괜찮을까?"라고 생각하며 오히려 불안해할 것입니다. 프레스티지 성격이 높은 제품의 경우에는 높은 가격 자체가 가치를 의미하기 때문에 보다 높은 가격이 잘 팔릴 것입니다. 가격은 제품과 서비스를 구입하는 척도가 되기 때문에 특정 제품에 대해 소비자가 인정하는 수준의 가치와 가격이 일치하지 않으면 구입하지 않습니다. 가격의 최저 수준은 제품의 원가이고 가격의 최고 수준은 제품의 가치에 대한 소비자들의 인식일 것입니다. 기업은 최저 수준과 최고 수준의 중간 어디선가에서 최적의 가격을 설정해야 할 것입니다. 그러기 위해서는 경쟁사의 가격이나 여러 요인들을 고려할 필요가 있습니다. 일반적으로 가격은 [도표 2-19]와 같이 세 가지 방식으로 설정할 수 있습니다.

도표 2-19 | 가격설정의 세 가지 기반

원가 기반 (Cost-based pricing)	고객가치 기반 (Perceived-value pricing)	경쟁 기반 (Going-rate pricing)
원가에 일정 수준의 이익을 추가하여 설정	고객이 느끼는 가치를 산정하여 금액을 설정	경쟁사 제시가격, 시장에서의 실제 가격과 비슷한 수준으로 설정

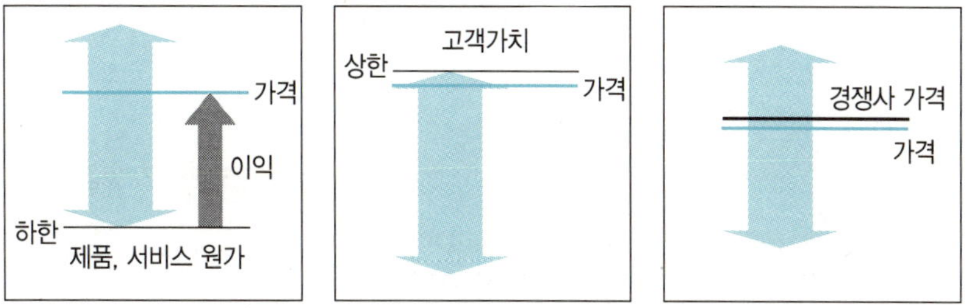

- 원가 기반 가격설정법(Cost-based pricing): 제품의 원가에 일정한 비율의 이익을 더하여 가격을 결정하는 방법입니다. 원가를 기준으로 하는 간단한 방식 때문에 많이 이용하지만 단위원가는 판매량에 따라서 변동한다는 부분을 간과하고 있다는 지적을 받기도 합니다. 또한 고객이 지각할 수 있는 제품의 가치에 대한 부분이 고려되지 않았다는 점도 단점으로 지적됩니다.
- 고객가치 기반 가격설정법(Perceived-value pricing): 제품에 대한 소비자의 인식에 따라 가격을 결정하는 방법입니다. 수요와 공급관계에서 수요의 관점에서 가격을 정하게 되는데 대표적인 예로 성수기와 비수기에 가격의 차이가 많이 나는 비행기 티켓, 여행지의 숙박시설 이용료, 스포츠 경기장 관중석 가격, 심야할인, 주말할증 등이 있습니다.
- 경쟁 기반 가격설정법(Going-rate pricing): 경쟁자의 가격을 기준으로 가격을 결정하는 방법입니다. 경쟁자와 동일하거나 혹은 조금 높거나 낮게 설정합니다. 제품과 서비스의 속성이 유사한 산업에서는 산업에 속해 있는 기업들이 거의 비슷한 가격대를 형성하고 있는 것을 알 수 있습니다. 가격경쟁을 최소화한다는 장점이 있지만 고객의 관점을 전

혀 고려하지 않았다는 단점 역시 존재합니다.

결국, 시장에서의 가격은 [도표 2-20]에서 보는 바와 같이 가격의 상한은 고객에 의해서 결정되며 가격의 하한은 우리 회사 내에서 결정된다고 볼 수 있습니다.

도표 2-20 ㅣ 가격의 최종 설정

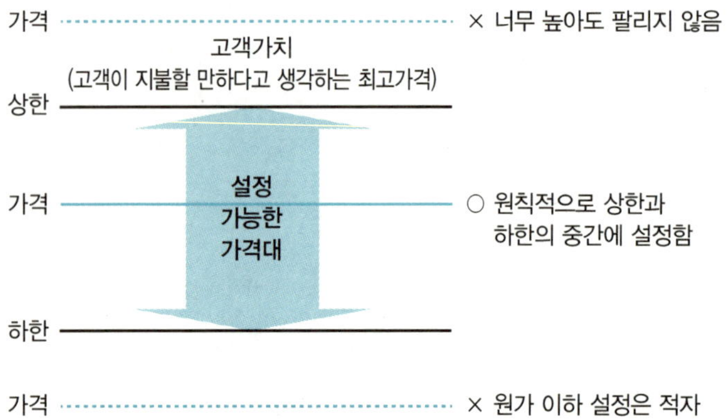

THINKING

앞서 설명한 대로 시장에서 가격설정 방법에는 세 가지가 있다고 했습니다. 아래의 빈칸에 가격설정 방법별로 장점과 단점을 작성하고 가격설정 방법을 사용하고 있는 대표적인 업계 혹은 제품은 어떤 것들이 있는지 작성해 주십시오.

도표 2-21 I 가격설정 방법별 장단점과 사례연구

	원가 기반 (Cost-based pricing)	고객가치 기반 (Perceived-value pricing)	경쟁 기반 (Going-rate pricing)
장점			
단점			
사례 업계, 제품 등)			

3) Place(유통)

유통은 우리가 설정한 타깃 고객이 어디에서 제품을 구매할지에 대해 생각하여 최적의 유통 채널을 선택하는 것입니다. 직접 판매를 하는 채널을 선택할지? 외부의 유통 채널을 활용할지? 외부의 유통 채널을 활용한다면 몇 개를 활용할지? 등에 대한 선택이 필요합니다. 일반적으로 판매 채널의 형태는 크게 세 가지가 있습니다. 외부 유통채널을 사용하지 않고 직접 사용자에게 판매하는 직접 판매, 제품을 판매하는 것을 목적으로 하는 비즈니스 채널에서 판매하는 판매목적 채널 활용, 마지막으로는 우리 제품을 판매하는 것이 목적이 아닌 주요 비즈니스 채널의 추가 판매 채널(이른바 shop-in-shop) 활용 등이 그 예입니다.

도표 2-22 I 판매 채널의 유형

직접 판매	판매목적 채널	추가 판매 채널
중간 판매 채널을 통하지 않고 직접 사용자에게 판매하는 것	제품을 판매하는 것이 목적인 주요 비즈니스 채널	제품을 판매하는 것이 목적이 아닌 주요 비즈니스 채널

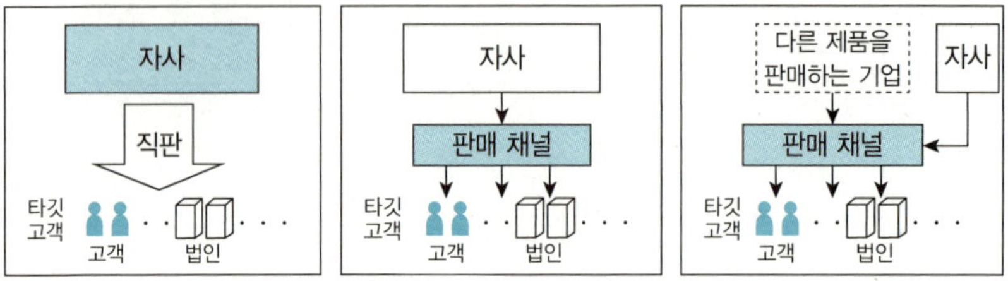

직접 판매	판매목적 채널	추가 판매 채널
• 자사 온라인 사이트 • 직영 점포 • 영업담당자가 직접 법인영업 등	• 슈퍼, 쇼핑센터 • 디스카운트 스토어 • 편의점 • 일용품, 잡화점 • Amazon 등	• 온천이나 호텔 등의 매점 • 스포츠클럽 매점 • 미용실 등에서 판매 등

THINKING

직접 판매, 판매목적 채널, 추가 판매 채널은 각각 장점과 단점이 존재합니다. 어떠한 것들이 있는지 작성해 보기 바랍니다.

도표 2-23 I 판매 채널별 장단점 사례연구

	직접 판매	판매목적 채널	추가판매 채널
장점			
단점			

4) Promotion(판매촉진)

판매촉진은 소비자를 대상으로 제품이나 서비스의 인식을 증가시켜 구매로 연결하도록 하는 다양한 활동의 총합을 말합니다. 프로모션은 우리 회사가 직접 활용하는 세 가지 수단, 제3자를 활용하는 수단, 소비자가 직접 행하는 수단 등으로 크게 세 가지로 구성됩니다. 구체적인 수단은 다섯 가지가 됩니다.

도표 2-24 I 프로모션의 다양한 수단

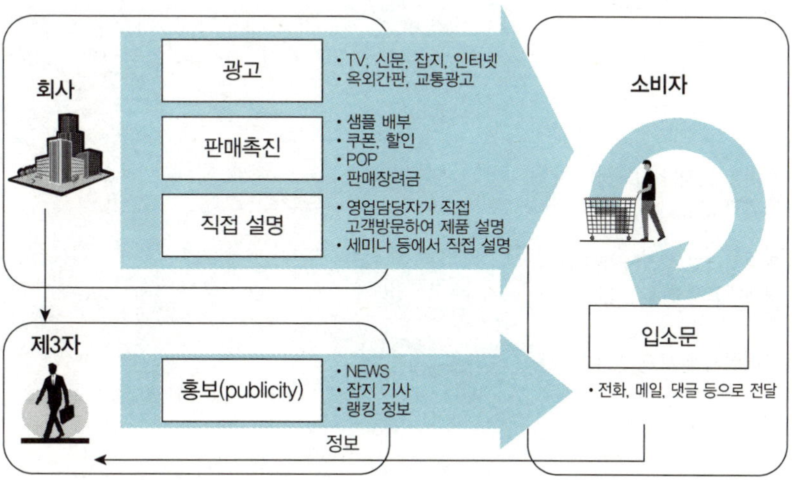

회사가 직접 활용할 수 있는 수단으로는 광고, 판매촉진, 직접 설명 등이 있고 제3자를 활용한 수단으로는 홍보가 있습니다. 마지막으로 소비자가 직접 행하는 수단으로 입소문이 있는데 다섯 가지의 수단들은 고객의 구매결정 프로세스에 해당하는 AIDMA(Attention, Interest, Desire, Memory, Action) 단계별로 달리 활용되어야 합니다. AIDMA는 제품을 인식하고 구매하기까지의 프로세스를 단계별로 분해한 모델입니다. Attention(주의) 단계는 소비자에게 제품의 존재를 환기시키는 단계입니다. Interest(흥미) 단계는 소비자가 제품에 흥미를 가지는 단계입니다. Desire(욕망) 단계는 소비자가 제품이 필요하다고 느끼는 단계입니다. Motive(동기부여) 단계는 제품을 구매하고자 하는 생각이 드는 단계입니다. 마지막으로 Action(구매행동) 단계는 소비자가 제품을 구매하는 단계입니다. 각 단계별로 활용되어야 하는 프로모션의 수단은 달라지기 때문에 주의해야 합니다. 달리 활용되는 장면은 [도표 2-25]와 같이 정리할 수 있습니다.

도표 2-25 ㅣ 구매결정 프로세스별 적합한 프로모션 수단

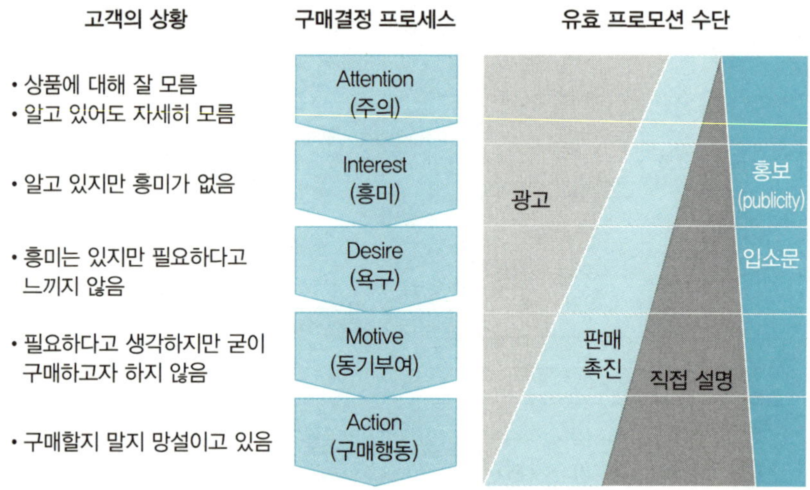

THINKING

특정 상품을 하나 선정하여 그 제품의 프로모션으로 가장 적합한 것은 무엇인지 생각해 봅시다. 예를 들어 새롭게 출시한 고가격 샴푸, 고화질의 카메라가 장착된 스마트폰, 필기감이 부드럽고 그립감이 좋은 삼색 볼펜, 디자인이 화려해진 10대를 대상으로 하는 운동화 등, 우리 주변에서 쉽게 발견할 수 있고 현재 사용하고 있는 다양한 제품들을 떠올리며 어떠한 프로모션을 활용하면 그 제품의 판매가 증가할 수 있을지 생각하여 작성해 봅시다.

도표 2-26 I 프로모션 수단별 적합 사례연구

상품명:	
광고	
판매촉진	
직접 설명	
홍보(publicity)	
입소문	

Chapter

03

사고력과 실천력 스킬 함양

Logical Thinking(논리적 사고)

PDCA(Plan-Do-Check-Action)

Logical Thinking(논리적 사고)

1. 논리적 사고의 이해

일반적으로 논리적인 사고는 비즈니스를 하는 모든 사람들에게 필수적으로 요구되는 기본적인 사고 스킬이라고 할 수 있습니다. 논리적인 사고를 활용한다면 알기 쉬운 보고서나 제안서를 작성해야 하는 상황, 상대방이 이해하기 쉽게 나의 의견을 전달해야 하는 상황, 기업 내외에서 발생하는 여러 종류의 문제의 원인을 탐색하고 해결책을 수립해야 하는 상황에서 큰 도움을 받을 수 있습니다. 뿐만 아니라 앞서 살펴본 기업의 외부 · 내부 환경 분석과 전략, 마케팅 등을 실행하기 위한 계획을 수립하는 단계에서도 기본적으로 요구되는 스킬입니다. 즉 비즈니스의 생산성을 향상시키기 위해서는 반드시 습득하고 활용해야 하는 핵심적인 스킬이 논리적 사고입니다. 논리적인 사고를 활용 및 적용하기 위해서는 다음의 세 가지 능력을 습득해야 합니다.

1) 요약

흩어져 있는 다양한 정보들은 그 자체만으로 어떤 상황을 해결하기 위해 필요한 의사결정에 아무런 도움이 되지 않습니다. 의미 있는 정보로 변환하기 위해서는 필요한 몇 가지 과정들이 있습니다. 첫 번째로 많은 정보들 중에서 비슷한 속성을 가진 정보들을 하나로 그룹핑해야 합니다. 두 번째로 그룹핑한 정보들을 대표하는 키워드를 붙여야 합니다. 주의해야 할 점은 키 워드를 붙일 때 단어의 레벨이 일치해야 한다는 점입니다. 단어의 레벨은 추상도 혹은 계위(階位)라고도 할 수 있습니다. 단어의 추상도 및 계위 수준이 동일해야 한다는 의미입니다. [도표 3-1]에서 보는 바와 같이 왼편의 흩어진 여러 종류의 정보들을 크기나 형태, 색깔을 기준으로 그룹핑하고, 그룹핑된 정보들에 대 · 소, 원 · 삼각형 · 사각형, 흑 · 백과 같이 키워드를 부여하고, 부여된 키워드가 동일한 수준의 추상도를 가지는 단어로 구성되어야 합니다.

도표 3-1 | 흩어진 정보를 요약하는 데 필요한 작업

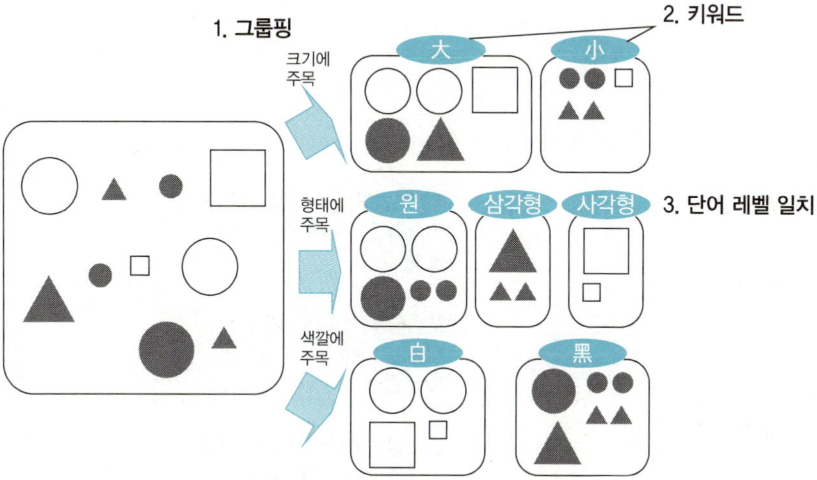

THINKING

다음에 나열되어 있는 스포츠들을 그룹핑해 본다면 어떤 식으로 분류가 가능할까요? 어떤 기준을 설정하는가에 따라서 다양하게 분류가 가능할 것입니다(그룹핑 연습).

도표 3-2 | 그룹핑 사례연구

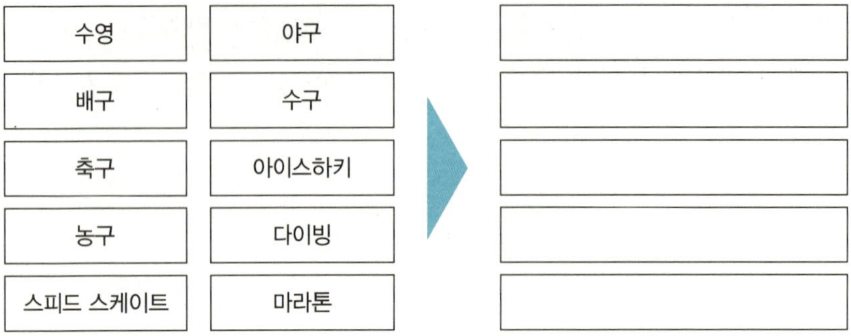

도표 3-3 | 키워드를 붙인다면 어떤 표현이 가능할까요?(키워드 부여 연습)

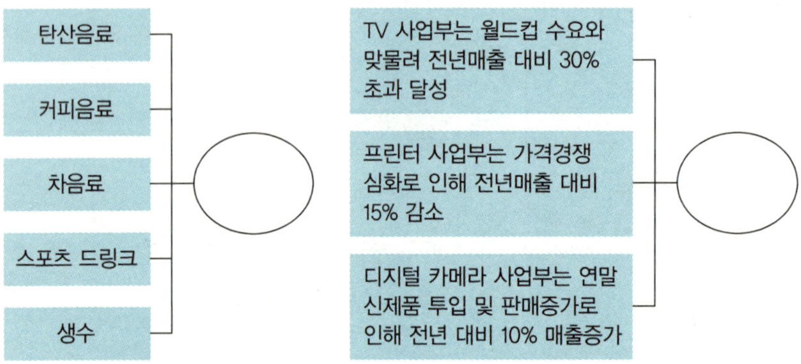

THINKING

어느 음식점의 메뉴가 다음과 같이 작성되어 있습니다. 단어들의 레벨(추상도)이 일치되어 있지 않습니다. 레벨을 일치시켜서 작성한다면 어떤 식으로 만들어야 할지 생각해 보기 바랍니다.

도표 3-4 | 키워드 추상도 일치 작성 사례연구

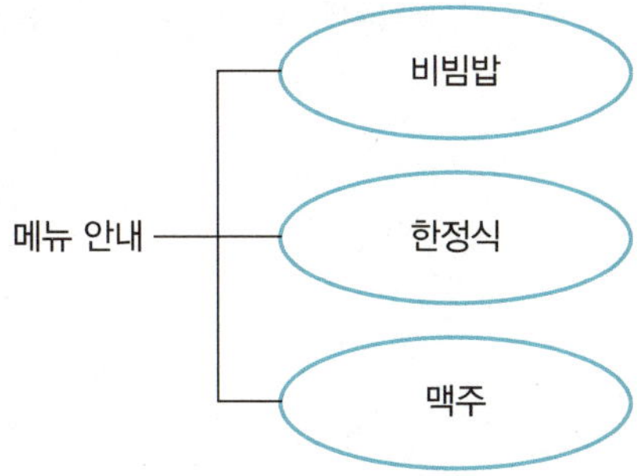

2) 세로의 논리

논리적인 사고는 상대방이 이해하기 쉽게 나의 주장을 이해하는 데 도움이 되는 스킬이라고 앞서 설명하였습니다. 나의 주장이 설득력을 얻기 위해서는 주장을 뒷받침하는 명확한 근거가 있어야 합니다. 근거로 필요한 조건이 있는데 먼저 근거와 주장은 인과관계로 설명이 가능해야 합니다. 근거는 있지만 인과관계가 성립되지 않는 근거는 논거로서 의미가 없습니다. 주장과 근거가 서로 연결되어 있어야 한다는 의미입니다. 또한 근거의 양이 충분해야 합니다. 하나의 근거만으로 주장에 설득력을 갖출 수는 없습니다. 주장의 논거가 타당하고 논거의 양이 충분하다면 주장하는 내용이 상대방에게 더욱 설득력을 얻을 가능성이 높다고 말할 수 있습니다. 다음의 도표는 세로의 논리에서 필요한 몇 가지 조건들입니다.

도표 3-5 I 세로의 논리

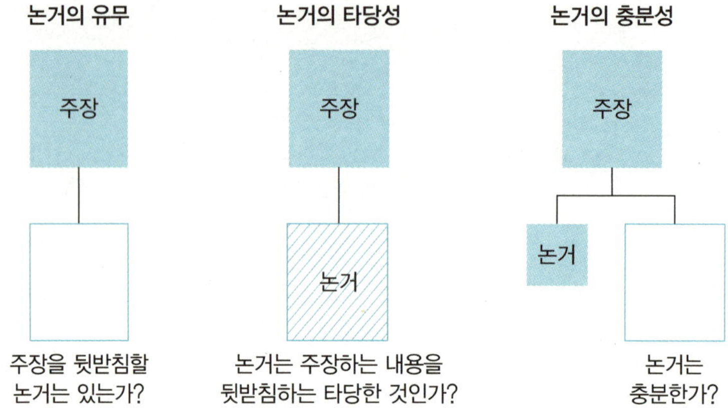

THINKING

다음의 주장 중에서 논거가 없는 것은 어느 것인지 생각해 봅시다.

도표 3-6 I 세로의 논리(논거 유무) 사례연구

최근 우리 회사의 상황을 조사해 본 결과, 이제 우리 회사도 ① **채용을 늘리는 편이 좋을 것이다**라고 생각합니다. 조사 결과 많은 부서에서 일손이 부족하다는 것을 알게 되었습니다. 재무 데이터를 보더라도 채용할 여력은 있는 것으로 판단됩니다. 또한 ② **내년부터는 영업 방식을 변경하는 것이 좋을 것 같습니다.** 추가로 ③ **생산라인의 인건비를 개선할 필요가 있을 듯합니다.** 최근 증가하고 있는 코스트 중에서 특히 생산라인의 인건비 상승이 현저한 데이터가 있었습니다. 마지막으로 ④ **생산거점의 인력배치도 개선할 필요가 있을 것입니다.** 이상이 저의 주장입니다.

논거가 없는 주장은 무엇입니까?

THINKING

다음 두 개의 주장 중에서 보다 타당하다고 느껴지는 주장은 어느 것인지 생각해 봅시다.

도표 3-7 | 세로의 논리(논거 타당성) 사례연구

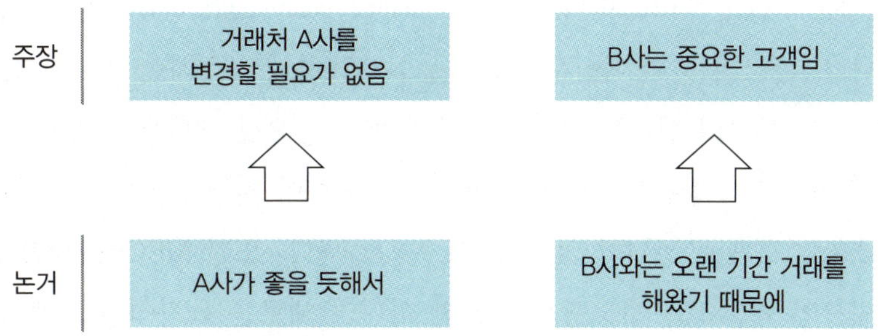

THINKING

다음의 주장은 논거가 있지만 충분하지 않습니다. 보다 설득력을 높이기 위해서는 어떤 내용의 논거가 추가되면 좋은지 생각해 봅시다.

도표 3-8 | 세로의 논리(논거 충분성) 사례연구

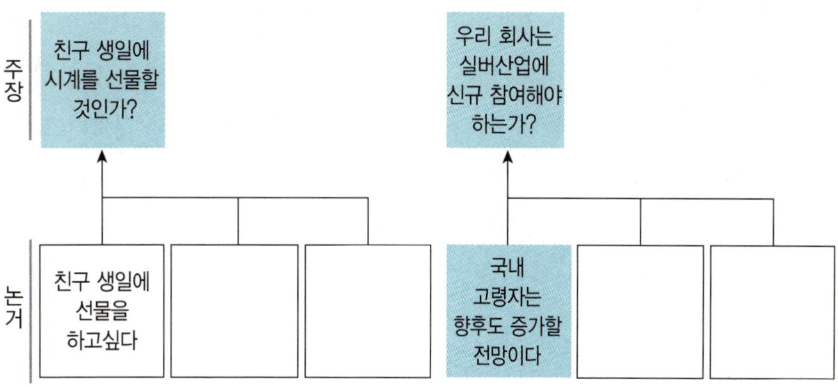

3) 가로의 논리

앞서 세로의 논리는 주장이 설득력을 가지기 위해서는 논거가 있어야 하며 타당하고 충분해야 한다고 설명하였습니다. 가로의 논리는 나열되는 논거들이 상호 중복되지 않고 누락되지 않도록 구성해야 한다는 것이 핵심입니다. 이렇게 구성해야만 전체를 바라볼 수 있게 됩니다. 중복 없이 누락 없는 상태를 MECE(Mutually Exclusive Collectively Exhaustive)한 상태라고 말합니다. 가로의 논리 핵심은 논거들을 MECE하게 구성하는 것입니다.

MECE는 상황의 전체를 파악하기 위한 매우 중요한 개념으로 기업의 환경분석을 위한 프레임워크, 전략 및 마케팅에 도움이 되는 프레임워크 등은 대부분 MECE하게 구성되어 있다고 볼 수 있습니다. 또한 MECE는 유명한 프레임워크의 기본적인 사고방식일 뿐만 아니라 새로운 독자적인 프레임워크를 고안할 때에도 활용이 가능한 매우 범용성이 높은 사고법이라고 할 수 있습니다.

MECE는 '중복 없이 누락 없이'라는 의미라고 설명하였습니다다만 비즈니스의 실무에서 더욱 중요한 것은 '누락 없이'입니다. 왜냐하면 중복은 사실 발견하기가 비교적 쉬우며 혹여 놓친다고 하더라도 나중에 얼마든지 조정이 가능합니다. 비교적 크고 많은 중복이 발생했다고 하더라도 효율성이 나빠지는 정도의 결과에서 그칠 수 있지만 누락은 발생하게 되면 커다란 비즈니스의 기회를 놓쳐버릴 수도 있으며 틀린 방향으로 전진하게 될 수도 있고 경우에 따라서는 누락이 있는지 없는지도 모르는 안타까운 상황으로 인해 커다란 비즈니스 기회를 놓칠 수도 있기 때문에 중복을 발견하는 것보다 몇 배 이상 어려운 것입니다.

도표 3-9 | MECE의 기본 개념

• MECE: Mutually Exclusive Collectively Exhaustive

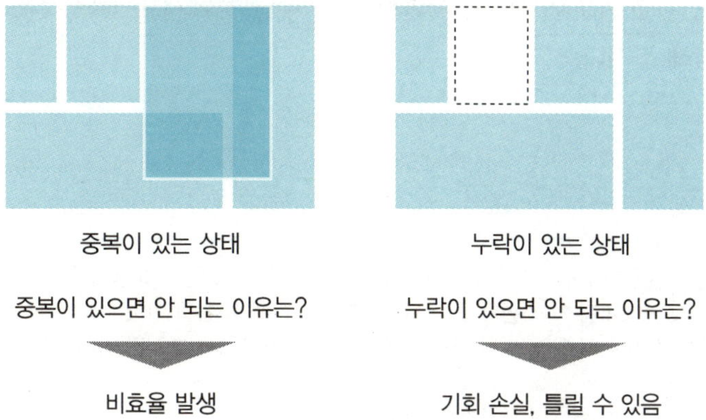

THINKING

오른편의 조건들 중에서 중복되는 항목은 어느 것과 어느 것인지 찾아봅시다.

도표 3-10 | 가로의 논리(MECE: 중복항목) 사례연구

신규 사업과 관련한 특별 대응팀에
5명이 선발되었습니다.
그 5명의 특징은 다음과 같습니다.

① 리더십이 있는 A씨

② 참신한 아이디어를 가진 B씨

③ 신규 사업 경험을 가진 C씨

④ 정보정리능력이 뛰어난 D씨

⑤ 지도자로서 카리스마를 가진 E씨

THINKING

다음 중 김철수가 아내에게 제안한 이동 수단 중에서 누락된 것은 무엇인지 생각해 봅시다.

도표 3-11 I 가로의 논리(MECE: 누락항목) 사례연구

일주일의 여름휴가를 받은 김철수는 아내가 평소 가고 싶어 한 온천여행을 계획하였다. 도심지에 살고 있어서 차가 필요 없다 판단하고 2년 전에 차를 팔아버린 김철수는 아내에게 온천여행을 가기 위해 아래의 세 가지 이동 수단을 제안하였다. 하지만 아내는 만족해하지 않았다.

① 운행편은 적지만 요금이 저렴한 고속버스
② 환승이 많고 요금이 비싸지만 온천의 호텔과 가까운 기차
③ 온천의 호텔로부터 공항까지 멀지만 이동시간이 짧은 비행기

2. Logic Tree(로직 트리)

로직 트리는 특정한 주제를 앞서 설명한 MECE(중복 없이 누락 없이)하게 분해해 나가는 과정과 결과를 나타낸 것을 말합니다. 전체를 몇 개의 요소로 나누고 그 요소들이 더욱 자세한 내용으로 분해되어 가는 과정을 일목요연하게 볼 수 있는 장점이 있습니다. 경영컨설팅회사가 기업의 문제를 해결하는 과정에서 자주 활용하는 도구입니다.

도표 3-12 I Logic Tree 기본

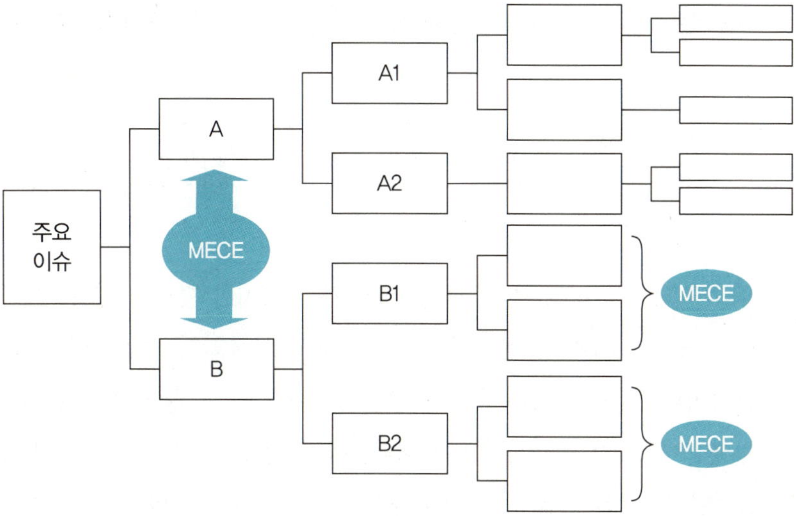

[도표 3-12]에서 보는 바와 같이 로직 트리는 주요 이슈를 A와 B로 분해하고 A를 A1과 A2로 분해, B를 B1과 B2로 분해해 갑니다. 더 이상 분해할 수 없는 단계까지 분해해 나가는 작업을 반복합니다. 여기서 주의할 점은 분해된 두 개의 요소가 상호 MECE해야 하며 단어의 레벨은 일치해야 한다는 점입니다. 로직 트리를 자유자재로 사용할 수 있게 되면 머릿속에서 막연하던 생각들을 구체적이고 명료한 형태로 그려내어 해결해야 할 문제가 어디인지, 문제의 원인은 어디인지 등을 발견하는 데 활용이 가능하며 특히 문제해결의 상황에서 매우 유용한 도구라고 할 수 있습니다. 로직 트리 작성에 있어 몇 가지 준수해야 하는 사항들을 정리해 보면 [도표 3-13]의 세 가지입니다.

도표 3-13 I Logic Tree 작성 시 포인트

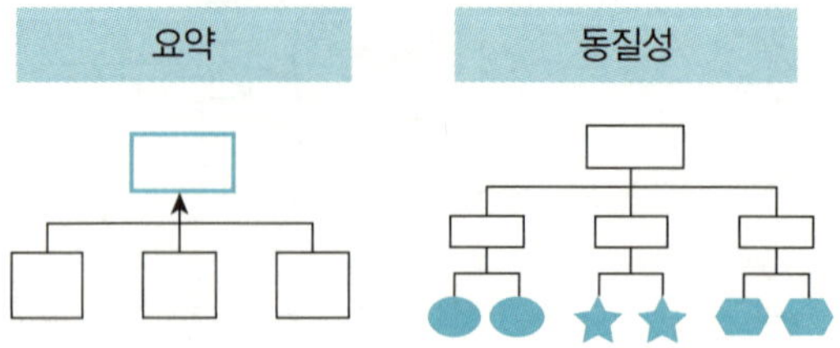

먼저 상위 개념은 하위 메시지들이 요약된 것이어야 합니다. 이는 논리적인 사고에 필요한 세 가지 능력 중 하나인 요약과 동일한 개념입니다. 다음은 동질성입니다. 그룹으로 묶인 개념들은 논리적으로 동일한 종류이어야 합니다. 원, 별, 육각형 등처럼 말입니다. 마지막으로 논리적 순서배열로 구성되어야 합니다. 한 그룹 내의 개념들은 시간적 순서(첫 번째, 두 번째, 세 번째), 연역적 순서(대전제, 소전제, 결론), 구조적 순서(서울, 도쿄, 뉴욕) 중 어느 것으로 되어야 합니다.

또한 로직 트리는 사용하는 목적에 따라 [도표 3-14]와 같이 세 종류가 있습니다.

상황 혹은 사물을 분해하여 해결해야 할 문제가 어디에 있는지 혹은 문제가 무엇인지를 명확하게 하고자 할 때 활용하는 로직 트리는 'What Tree'입니다. What Tree에서 문제가 명확해지면 문제를 발생시킨 원인을 찾아야 하는데 이 상황에서 사용하는 것이 'Why Tree'입니다. 문제를 발생시키는 원인은 대개 하나가 아닌 여러 개인 경우가 대부분인데 여러 개의 원인들 중에서 문제 발생에 결정적인 원인을 찾아내는 것이 중요합니다. 결정적인 원인을 진인(眞因)이라고 합니다. 진인을 발견한 후에는 해결책을 수립하는데 해결책 수립에 활용하는 것이 'How Tree'입니다. 진인을 해결할 수 있는 해결책 역시 여러 개가 존재합니다. 다양한 해결책들을 모두 시도해 보면 좋겠지만 제한된 시간과 코스트로 인해 불가능합니다. 가장 좋은 것은 코스트, 시간, 실효성 등의 기준을 통해 실행에 있어 우선순위가 높은 해결책을 골라

실행에 옮기는 것입니다. 물론 처음에 나온 다양한 해결책들은 만약을 대비하여 후보 해결책으로 가지고 있을 필요가 있습니다.

도표 3-14 | 세 가지 종류의 Logic Tree

도표 3-15 | 세 가지 Logic Tree 관계성

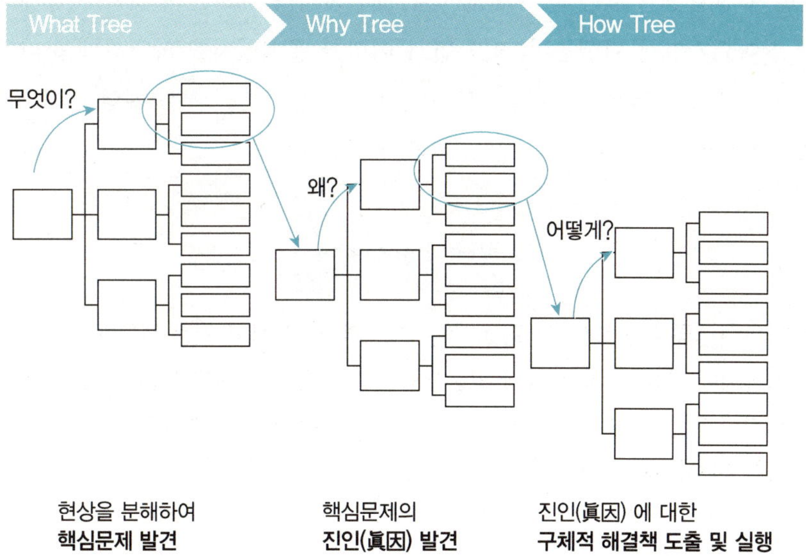

1) What Tree

문제가 발생하면 대부분의 사람들은 해결책을 먼저 생각하게 됩니다. 어떤 해결책으로 문제를 해결할 것인가에 가장 많은 에너지를 쏟게 됩니다. 그러나 문제가 어디에 있는지, 그 문제의 원인이 어디에 있는지를 제대로 파악하지 않은 채로 해결책을 수립하여 실행에 옮긴다는 것은 실효성을 얻기 어렵습니다. 해결해야 하는 문제와 관련이 없는 해결책은 시간과 노력을 헛되이 하기 쉽습니다.

문제를 해결하기 위해서는 해결해야 하는 진짜 문제가 어디에 있는지 명확하게 하는 단계(Where 단계), Where 단계에서 명확해진 문제의 원인을 탐색하는 단계(Why 단계), Why 단계에서 선명해진 문제의 진인(眞因)을 해결하기 위해 해결책을 수립하는 단계(How 단계) 등의 순서를 지켜야 합니다. 문제와 원인과 해결책이 일관성 있게 연결되어 있어야 한다는 말입니다. What Tree는 문제를 명확하게 하기 위한 Where 단계에서 활용할 수 있습니다. 문제의 전체상을 파악하기 위해서는 문제를 구성하고 있는 구성요소들을 MECE(중복 없이 누락 없이)하게 전체를 파악해야 합니다. 예를 들어 매출이 급감하고 있는 회사의 문제를 해결하기 위해서는 무엇을 어떻게 해야 할까요? 앞서 말했듯이 제일 먼저 어디가 문제인지를 파악해야 하며 그러기 위해서는 문제의 구성요소를 MECE하게 살펴보는 것을 제일 먼저 실시해야 합니다.

THINKING

다음의 상황은 여러분의 동료 혹은 친구가 최근 겪고 있는 상황이라고 가정합시다. 여러분에게 여러 고충들을 이야기했는데 9가지 정도 이야기로 정리가 되었습니다. 동료의 이야기를 What Tree로 정리하여 동료의 고민사항 전체상을 만들어 보기 바랍니다.

도표 3-16 | What Tree 사례연구

1. 최근 업무량이 너무 많아서 정해진 시간 내에 업무를 끝낼 수가 없을 정도이다.
2. 커뮤니케이션 문제로 상사에게 심하게 야단을 듣고 스스로의 능력에 의문을 가지고 있다.
3. 상사인 A씨와 궁합이 맞지 않아 불안해하는 경우가 많다.
4. 맡겨진 업무가 간단하지 않아서 생각처럼 진행되지 않는다.
5. 업무상 영어가 필요한데 회화능력이 부족하여 힘들어한다.
6. 스스로 프레젠테이션능력이 높다고 자부하지만 활용할 수 있는 상황이 없다.
7. 최근 체력이 많이 저하되어 지하철에서 서 있는 것도 힘들어한다.
8. 동료 B씨와 함께 업무를 진행하는 경우가 많은데 좀처럼 의견일치가 되지 않고 충돌이 많다.
9. 선배인 C씨는 사적인 이야기로 고민상담하기에는 좋으나 업무관련 고민은 이야기하기가 힘들다.

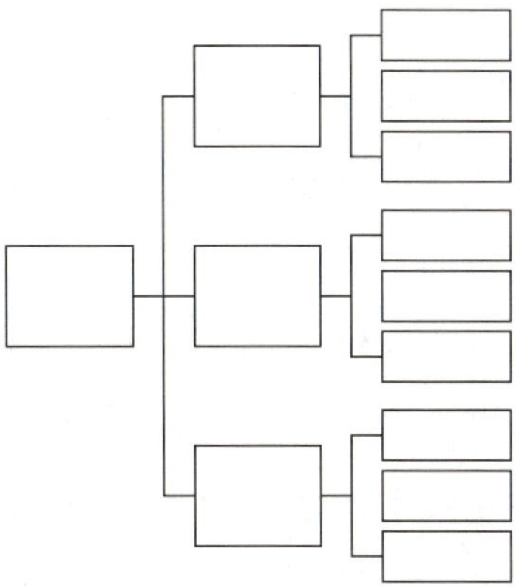

2) Why Tree

What Tree에서 문제가 명확해지면 그 다음 단계는 Why Tree를 활용하여 문제의 원인을 심층적으로 파고들어 갑니다. 우리 주변에서 발생하는 일상의 문제뿐만 아니라 기업에서 발생하는 여러 종류의 문제들은 하나의 원인에 기인하는 경우가 거의 없으며 여러 개의 수많은 원인들이 얽히고 설켜서 문제를 발생시키는 경우가 대부분입니다. 여러 원인들 중에서도 반드시 해결해야만 하는 중대한 원인이 있는 반면에 지금 당장 해결하지 않더라도 문제를 해결하는 데 있어 문제가 되지 않는 미미한 원인도 존재합니다. 기업은 항상 제한된 시간과 비용을 가지고 정해진 시간 내에 문제를 해결하지 않으면 안 되는 상황이 많기 때문에 수많은 원인들 모두를 해결하는 것보다 중대한 원인을 우선적으로 해결하는 것이 중요합니다. 흔히 알고 있는 파레토 법칙(20:80법칙)을 적용하는 것인데 중대한 원인 몇 가지를 처리하여 문제의 대부분을 해결하는 것입니다. 진인을 해결하지 않고 지금 당장 처리하지 않아도 되는 문제들을 해결하는 것은 문제해결에 아무런 도움이 되지 못합니다. 진인을 발견하기 위해서는 명확해진 문제와 원인 간의 인과관계를 파악하기 위해 '왜?'라는 물음을 깊이 있게 던져야 합니다. 흔히 5Why기법이라고 말하는 방법을 통해 진짜 원인을 찾는 데 시간과 노력을 다해야 합니다. 그렇지 않으면 해결책은 매우 표층적인 수준에 그치게 되어 해결해야 하는 문제의 해결에 아무런 도움이 되지 않는 경우가 발생합니다.

도표 3-17 I 5Why 기법을 활용한 문제의 진인(眞因) 발견

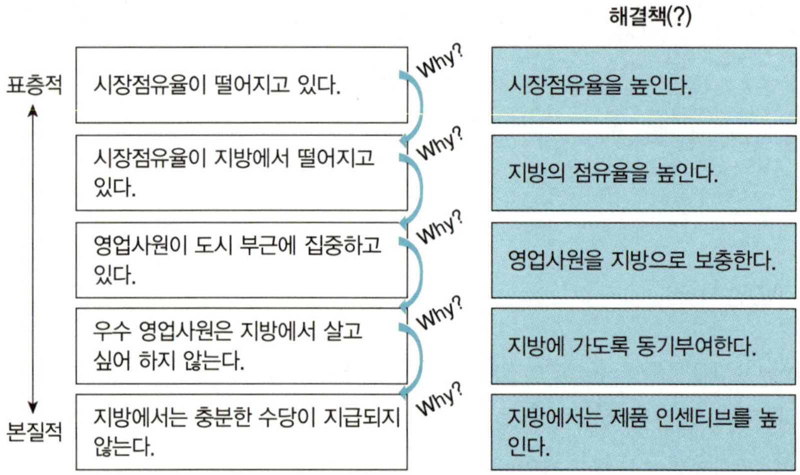

[도표 3-17]의 사례와 같이 "시장점유율이 떨어지고 있다"라고 하는 문제의 원인을 탐색하기 위해서 "왜?"라는 질문을 던지지 않으면 단순히 "시장점유율을 높이자"라는 해결책이 나올 수밖에 없습니다. 그러나 시장점유율이 떨어지는 원인에 대해서 심층적으로 질문을 더해가면, 시장점유율이 지방에서 떨어지고 있으며 그 원인으로 우수한 영업사원들이 충분한 수당이 지급되지 않기 때문에 지방으로 가지 않으려 한다는 것을 알 수 있습니다. 이렇듯 문제를 해결할 수 있는 결정적인 원인을 찾기 위해서는 [도표 3-18]과 같이 원인의 원인을 심층적으로 파고들 수 있어야 합니다.

도표 3-18 I 원인의 원인을 심층적으로 파악

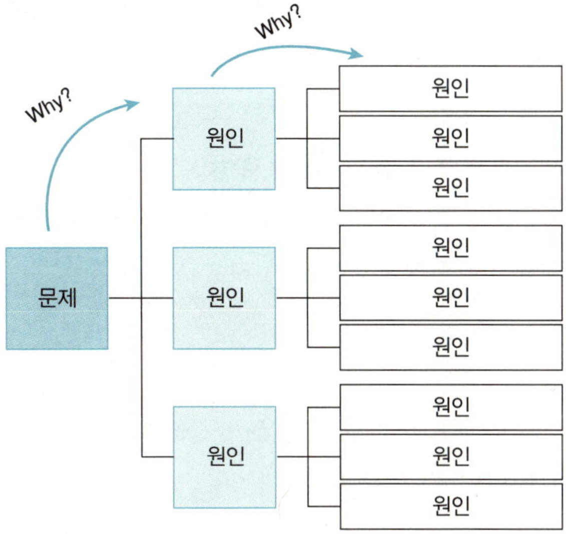

Why Tree를 제대로 활용하기 위해서는 중요한 포인트가 몇 가지 있는데 이를 숙지하여 Why Tree를 작성해야만 잘못된 원인을 진인으로 오해하는 실수를 범하지 않을 수 있습니다.

- 왜?라는 물음에 답변이 된 원인들을 역(逆)으로 다시 읽었을 때 '○○ 때문에'라는 문장으로 연결이 자연스러운지 확인한다.

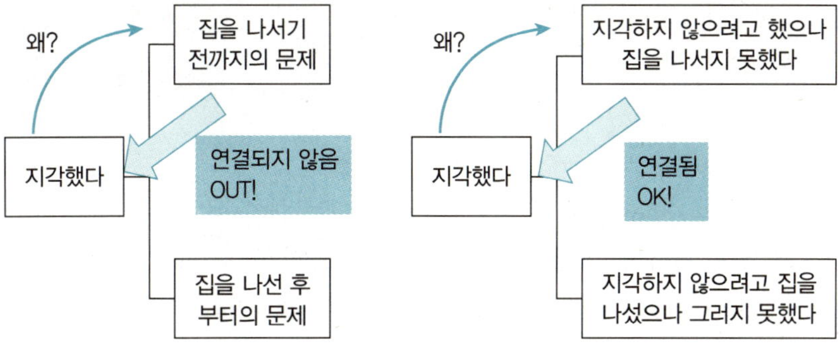

왼편은 지각한 원인으로 집을 나서기 전까지의 문제와 집을 나선 후부터의 문제로 작성하였습니다. 큰 문제가 없어 보이지만 역으로 읽었을 때는 어색합니다. 연결이 되지 않음을 알 수 있습니다. 그러나 오른편은 지각한 이유로 지각하지 않으려고 했으나 집을 나서지 못한 것과 지각하지 않으려고 집을 나섰으나 그러지 못한 점을 원인으로 들고 있습니다. 역으로 문장을 구성해 보아도 자연스럽게 연결됨을 알 수 있습니다. Why Tree에서 다음 단계의 원인을 작성하는 문장으로 적합한 것은 오른편에 있는 문장이라고 할 수 있습니다.

- 행동으로 옮길 수 있는 수준의 원인까지 전개해 내려간다. 즉 구체적인 해결책이 보이는 원인까지 파악한다.

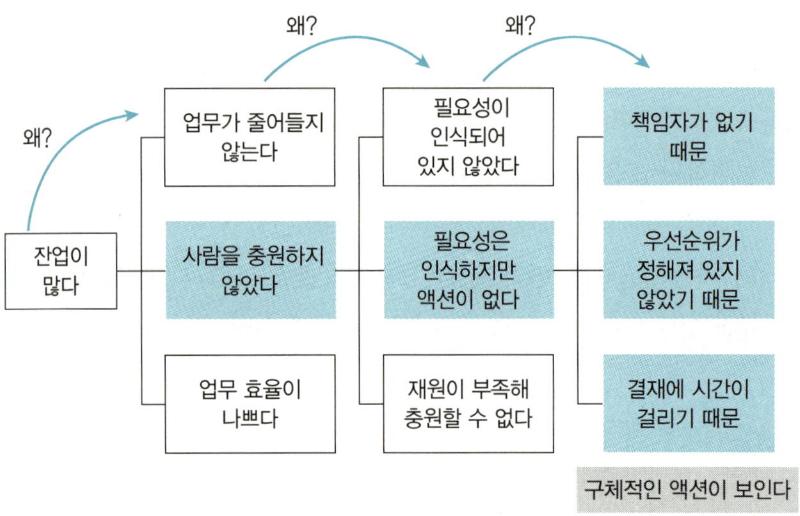

잔업이 많은 것을 문제로 지정하고 다음 단계에서 업무가 줄어들지 않는다, 사람을 충원하지 않았다, 업무 효율이 나쁘다를 첫 번째 원인으로 들었습니다. 이 단계에서 원인 분석이 끝나버리면 매우 애매한 원인 분석이 되어

버립니다. 왜냐하면 이들 원인은 그래서 어떻게 해야 하지?라는 물음에 답을 주지 못합니다. 조금 더 심층적으로 원인을 파고들어 가야 함을 알 수 있습니다. 사람을 충원하지 않았다는 1차 원인에 대해 심층적으로 파고들어 가 보면 필요성은 인식하지만 액션이 없었고, 액션이 없었던 원인을 더 들어가 보니 우선순위가 정해져 있지 않았기 때문이라는 결론에 도달하게 됩니다. 여기까지 오면 해결에 필요한 행동을 어떻게 세워야 할지가 명확해집니다. 이처럼 Why Tree를 작성할 때 구체적인 행동을 어떻게 세워야 하는지 보이는 수준의 원인까지 전개해 나가는 것이 중요함을 알 수 있습니다.

- **객관적인 근거들을 수집하기 어렵고 면피가능한 수준의 내용들(개인의 감정 등)은 원인으로 삼지 않는다.**

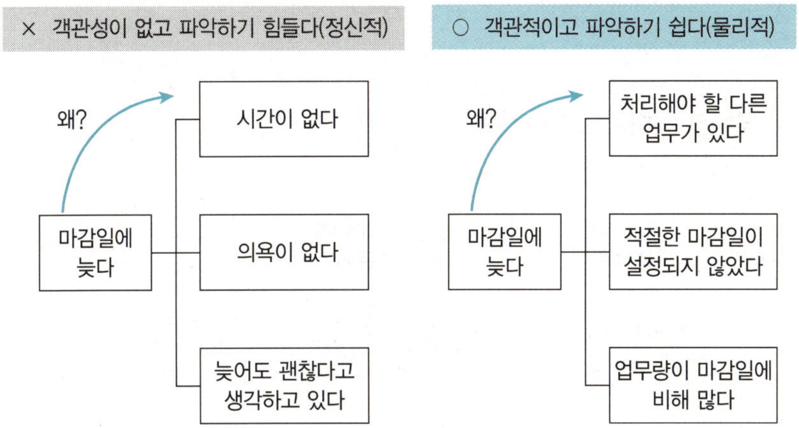

세 번째 포인트는 Why Tree 작성에서 흔히 저지르는 실수에 해당합니다. 객관적으로 파악할 수 없는 매우 주관적인 내용의 원인들은 검증할 도리가 없기 때문에 문제의 원인으로 적합하지 않습니다. 주의해서 피해야 할 중요한 부분입니다. 예를 들어 업무의 마감일에 자주 늦는 문제를 해결하기 위해 원인을 파악해 보겠습니다. 왼편에 작성된 원인으로는 시간이 없다, 의욕이 없다, 늦어도 괜찮다고 생각한다 등이 있습니다. 이들은 지극히 주관적이며 설령 이것이 진짜 원인이라고 하더라도 이를 해결할 수 있는 해결책은 특별히 존재하지 않습니다. 또한 시간이 없다 등의 원인들이 정말 그럴까?라는 의문이 여전히 남습니다. 그러나 파악할 도리가 없습니다. 이들은 전형적으로 좋지 않은 원인 분석의 예가 될 수 있습니다. 오른편의 원인들을 한 번 보겠습니다. 이번에는 처리해야 할 다른 업무가 있다, 적절한 마감일이 설정되지 않았다, 업무량이 마감일에 비해 많다 등이 원인으로 작성되어 있습니다. 이들은 실제 그런지 아닌지 검증이 가능합니다. 검증 결과 사실이라면 문제에 대한 적절한 원인이 될 수도 있습니다. 우리는 문제의 원인을 생각할 때 검증할 수 없는 주관적인 감정을 위주로 한 이유들을 나열하지 않는지 생각해 보아야 합니다. 특히 비즈니스의 상황에서 발생한 문제를 해결하기 위해서는 객관적이고 검증가능한 수준의 원인을 파악하는 훈련이 필수라 할 수 있습니다.

- 문제를 정확하게 표현한다.

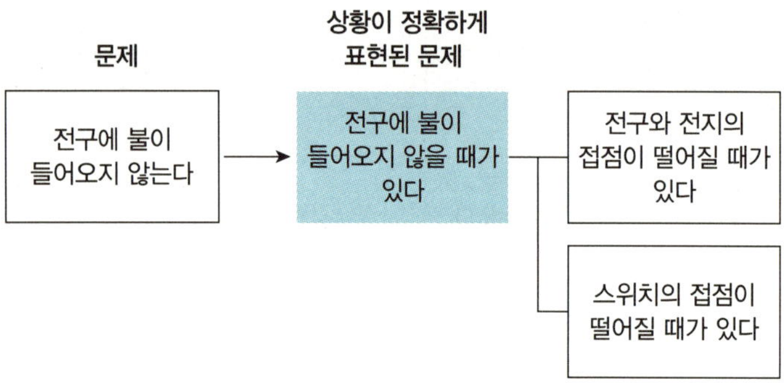

문제가 어떠한 상황인지 정확하게 표현하는 것은 매우 중요합니다. 작성된 문제의 상황을 누가 보더라도 동일하게 인식할 수 있도록 표현해야 합니다. 같은 문제를 보고 보는 사람마다 서로 다른 생각이 들게 하는 문제의 표현은 좋지 않습니다. 최대한 객관적인 문제의 표현이 가능해야 합니다. 문제를 어떻게 표현하는가에 따라 원인의 내용 역시 달라지기 마련입니다. 정확하지 않은 문제 표현은 잘못된 원인을 도출하고 해결해야 하는 문제를 제대로 해결하지 못하는 결과를 만들어 냅니다. 예를 들어 전구에 불이 들어왔다가 꺼졌다가 하는 경우를 보고, "전구에 불이 들어오지 않는다"라고 문제를 표현할 수 있습니다. 그러나 "전구에 불이 들어오지 않을 때가 있다"라는 표현이 문제의 상황을 보다 정확하게 표현한 것입니다. 전구가 지속적으로 불이 들어오지 않는 것이 아니라 들어올 때도 있고 들어오지 않을 때도 있다라고 문제상황을 정확하게 표현을 해야 그 원인으로 생각할 수 있는 것이 전구와 전지 접점이 떨어져서 그런지, 스위치 접점이 떨어져서 그런지 등의 합리적인 원인을 파악할 수 있기 때문입니다.

- 문제를 표현하는 문장은 주어, 목적어, 동사로 표현한다.

	→	
○○을 관리하지 못했다	→	과장이 아르바이트 사원을 관리하지 못했다
구입하기로 했다	→	기술자 A씨가 새로운 원료를 구입하기로 했다
보고가 없었다	→	사원 A씨로부터 과장 B에게 캠페인 관련 보고가 없었다

문제를 정확하게 표현하는 것은 다음 단계에서 나올 원인들을 명확하게 하기 위해 중요합니다. 문제가 애매모호하게 정의되면 원인 역시 애매하게 설정되고 해결책까지 연결이 됩니다. 당연히 해결해야 하는 문제를 해결하

지 못한 채 시간과 노력을 허비하게 됩니다. 이를 방지하기 위해서 문제를 표현할 때 주어, 목적어, 동사를 항상 세트로 작성할 것을 추천합니다. 본인은 주어를 작성하지 않아도 혹은 목적어를 작성하지 않아도 충분히 이해하고 있는 상황이라고 하더라도 문제를 표현할 때는 모두를 표현해 주는 것이 중요합니다. 왜냐하면 혼자서 문제를 해결하는 상황이 아닌 주변의 누군가와 함께 문제를 해결해야 하는 상황이라면 모두가 문제의 상황에 대해 동일한 인식을 하는 것이 중요하기 때문입니다.

예를 들어 ○○을 관리하지 못했다가 아니라 "과장이 아르바이트 사원을 관리하지 못했다." 구입하기로 했다가 아니라 "기술자 A씨가 새로운 원료를 구입하기로 했다." 보고가 없었다가 아니라 "사원 A씨로부터 과장 B에게 캠페인 관련 보고가 없었다."라는 식으로 주어, 목적어, 동사를 세트로 작성하는 것이 문제를 명확히 하는 것임을 명심해야 하겠습니다.

3) How Tree

로직 트리의 마지막 단계에서 How Tree가 등장합니다. 문제를 명확히 정의하고 그 문제를 발생시킨 문제의 진인이 발견되면 원인을 해결할 수 있는 다양한 방법을 고안해야 합니다. 다양한 해결책이 후보로 등장할 수 있으며 실제로 적용해 보기 전까지는 무엇이 가장 유효한 해결책일지 알 수는 없습니다. 그러나 일반적으로 기업은 사용가능한 자원이 유한하기 때문에 제한된 자원을 활용하여 최대한의 효과를 만들어 낼 수 있는 해결책을 우선적으로 적용하게 됩니다.

도표 3-19 I How Tree

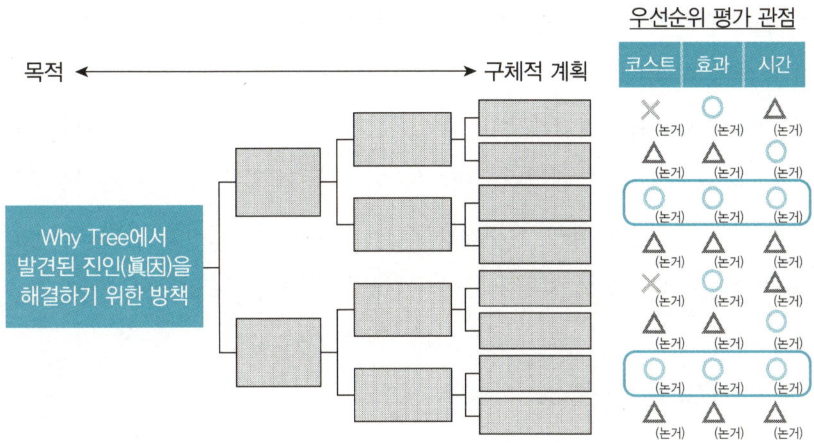

여러 해결책들을 모두 한 번에 실행하기는 불가능합니다. 기준을 정하여 현시점에서 가장 유효할 것 같은 해결책을 우선적으로 실행해야 합니다. 일반적으로 해결책 수립 단계에서 많이 활용하는 기준이 코스트, 효과, 시간입니다. 아무리 좋은 해결책이라고 하더라도 회사가 부담가능한 수준의 비용이 아니면 좋은 해결책이라고 할 수 없습니다. 또한 아무리 좋은 해결책이라고 하더라도 반드시 해결해야 하는 시간 내에 해결가능한 방책이지 않으면 의미가 없습니다. 물론 효과를 기대할 수 있어야 합니다. 이 세 가지 기준을 바탕으로 검증하여 가장 좋은 평가를 받은 해결책이 실행의 우선순위가 됩니다.

해결책을 수립할 때 참고하면 좋을 포인트는 다음과 같습니다. 첫 번째, 해결책은 되도록 많이 만들어 놓는 것이 좋습니다. 만약 해결책이 하나밖에 없을 경우, 혹시 그 해결책을 실행하지 못하거나 실행을 했는데 효과가 없었을 경우 다른 대책들이 미리 준비가 되어 있지 않다면 해결책을 수립하는 단계로 다시 되돌아와야 하기 때문에 비효율적입니다. 여러 개의 해결책을 준비해 두고 혹시 모를 상황에 대비하여 신속하게 다음 해결책을 실행할 수 있도록 해야 합니다. 두 번째, 해결책을 구조적으로 정리해 두어야 합니다. 해결책을 나열하는 수준으로 정리하게 되면 무엇을 먼저 실행해야 하는지 어떻게 실행해야 하는지 애매해지는 경우가 발생할 수도 있습니다. 비슷한 내용을 묶는 그룹핑 작업 등을 통해 해결책을 구조적으로 구성할 필요가 있습니다. 세 번째, 여러 해결책들을 평가하고 우선순위를 매겨야 합니다. 앞서 말한 바와 같이 다양한 해결책들이 나오면 이들 해결책 중에서 무엇을 가장 우선적으로 실행해야 하는지 기준(코스트, 효과, 시간 등)을 바탕으로 평가하고 무엇을 우선적으로 실행할 것인지를 명확하게 해야 합니다.

3. Matrix(매트릭스)

매트릭스는 로직 트리와 함께 논리적으로 사고하는 데 활용되는 대표적인 도구입니다. 상황의 전체를 MECE(중복 없이 누락 없이)하게 파악하고 객관적으로 알기 쉽게 표현하는 데 유용하게 활용됩니다. 매트릭스는 가로와 세로 두 개의 축으로 구성이 되는 것이 일반적인데 바로 이 두 개의 축을 어떻게 설정하는가에 따라 좋은 매트릭스와 그렇지 않은 매트릭스로 나뉘게 됩니다. 논리적 사고의 대표적 도구인 로직 트리와 매트릭스를 비교하면 다음과 같은 차이가 있습니다. 먼저 매트릭스는 앞서 말한 대로 두 개의 축을 통해 상황의 전체를 설명하지만 로직 트리는 여러 단계의 계층들을 늘려가면서 여러 개의 축들을 설정하면서 전체를 설명합니다. 즉 매트릭스는 두 개의 축으로 전체를 설명하고 로직 트리는 여러 개의 축으로 전체를 표현한다는 점이 다릅니다. 그리고 [도표 3-20]에서 보는 바와 같이 매트릭스에서 설정되는 두 개의 축은 대등한 수준의 단어로 표현됩니다. 로직 트리는 첫 번째 단계 수직관계의 표현이 대등, 두 번째 단계 수직관계의 표현이 대등과 같이 각 단계별로 표현의 수준이 각기 다를 수 있지만 매트릭스 두 개의 축은 반드시 대등한 수준으로 표현됩니다.

도표 3-20 I 매트릭스와 로직 트리의 차이점

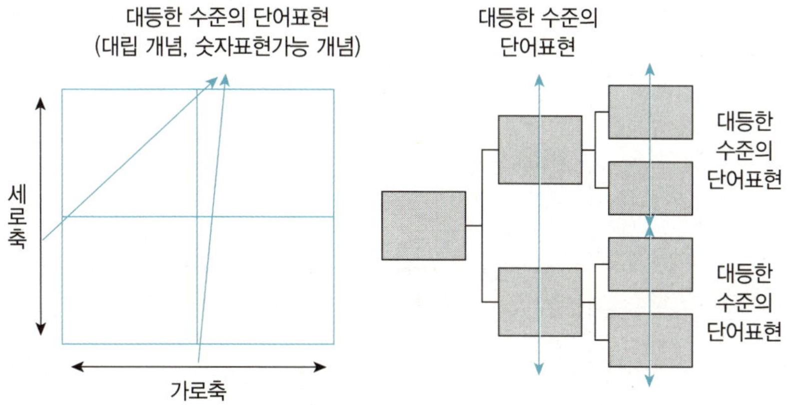

구체적으로 매트릭스 축 설정 시 방법을 설명하자면 서로 대립되는 개념 혹은 숫자로 표현가능한 개념으로 크게 두 가지 방법이 주로 사용됩니다. 대립 개념은 상황을 가장 잘 나타낼 수 있는 대립되는 두 개의 개념을 가로와 세로의 축에 설정하는 것인데, 예를 들어 중요도 · 긴급도(시간), 능력 · 성실(리더십), 시장 · 제품(전략) 등을 들 수 있습니다. 숫자로 표현가능한 개념들은 예를 들어 매출, 코스트, 성장률, 시장점유율 등을 말합니다.

[도표 3-21]은 대립 개념을 이용하여 작성된 매트릭스입니다. 현재 사용하고 있는 시간의 활용상황이 어떻게 되어 있는지를 파악하고 향후 바람직한 시간 활용의 방안을 도출하고자 하는 상황에서 현재 시간 활용상황 파악을 목적으로 활용하면 유효한 매트릭스입니다.

도표 3-21 | 대립 개념을 활용한 시간관리 매트릭스

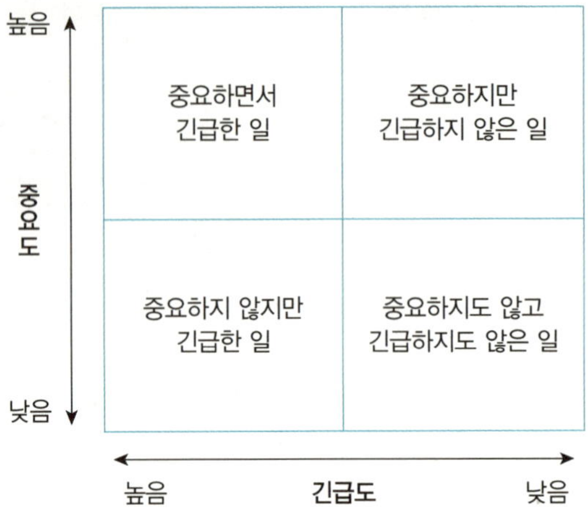

[도표 3-22]는 숫자로 표현가능한 개념을 활용한 매트릭스입니다. 앞서 안정화 전략 2요소에서 살펴본 PPM(Product Portfolio Management) 분석입니다. 시장성장률과 시장점유율로 구성된 대표적인 숫자로 표현이 가능한 개념을 활용한 매트릭스라고 할 수 있습니다.

도표 3-22 | 숫자로 표현가능한 개념을 활용한 PPM매트릭스

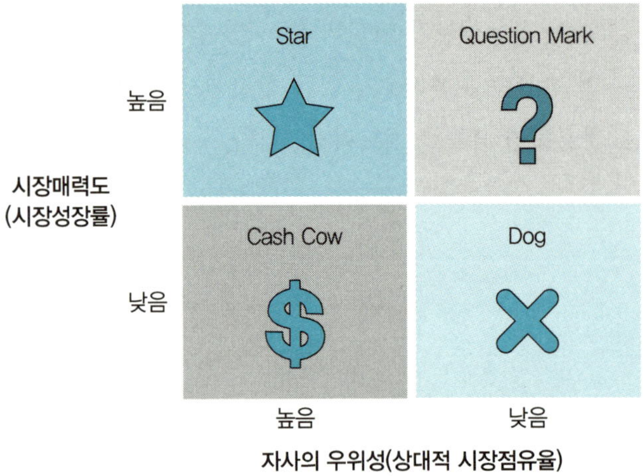

매트릭스에서 사용되는 가로와 세로 두 개의 축을 상황에 적합하게 설정하는 것이 매우 중요하다고 설명하였습니다. 해결하고자 하는 문제의 상황을 정확하게 표현해 줄 수 있는 축으로 설정되어 있지 않으면 상황을 명확히 파악가능한 정리물을 얻기 힘듭니다. 축 설정에 있어 흔히 저지르는 실수는 대등한 수준의 단어로 두 개의 축을 설정하였으나 비슷한 속성을 가진 단어로 구성되었을 때인데 비슷한 속성을 가진 단어를 축으로 두고 매트릭스 분석을 하면 뻔한 결과가 나올 뿐이며 결과에서 아무런 시사점과 통찰을 도출하기 힘듭니다. [도표 2-23]과 같이 우상향 45도의 결과가 나온 매트릭스는 좋지 않은 축을 설정하였을 때 나오는 결과이므로 주의해야 합니다.

도표 3-23 I 비슷한 속성으로 두 축을 설정했을 때 나오는 매트릭스 결과물

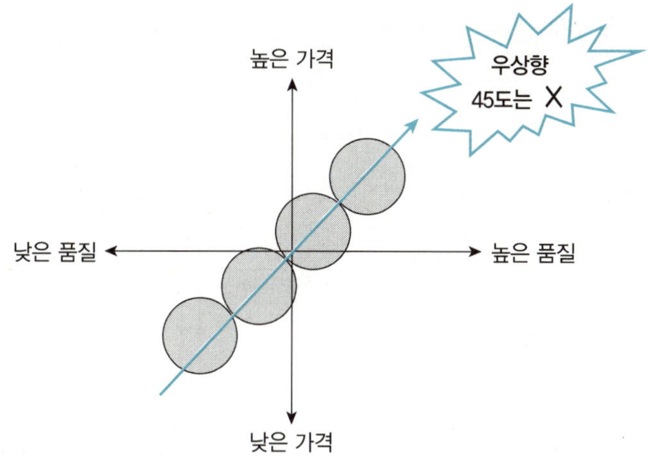

높은 가격과 낮은 가격, 높은 품질과 낮은 품질은 일견 괜찮은 축 설정인 것처럼 보이지만 가격과 품질은 대립 개념이 아닌 비슷한 속성을 가진 단어입니다. 가격과 품질은 상호 연동되기 때문입니다. 일반적으로 높은 가격의 제품이 품질이 좋기 마련이며 낮은 가격의 제품은 품질이 낮다고 인식하고 있습니다. 물론 가끔 낮은 가격의 괜찮은 품질의 제품을 만날 때도 있지만 일반적인 상황으로 보기에는 무리가 있습니다.

비슷한 사례로 인사부서에서 구성원들의 실태조사를 할 때 '인건비 고·저'와 '정규직·비정규직'이라는 두 개의 축으로 설정하는 경우인데 이것 역시 분석 결과는 우상향 45도를 그리게 될 것입니다. 정규직과 비정규직은 누가 보더라도 인건비의 차이를 가지고 있으며 분석의 결과를 통해 새로운 시사점을 얻기에 무리가 있음을 예상할 수 있습니다. 실태 파악에 도움이 되는 것은 오히려 '업무 스킬 고·저'와 '모티베이션 고·저'와 같은 축으로 설정한 매트릭스입니다. 업무 스킬이 높은 사람이 모티베이션 상태도 높은 결과가 나올 수도 있지만 업무 스킬이 높은데 모티베이션이 상태가 낮은 결과도 나올 수 있습니다. 인건비와 고용 형태(정규직·비정규직)의 우상향 45도가 아닌 다양한 결과가 나올 수 있기 때문에 분석의 결과에 따라 대응해야 하는 방법들도 다양하게 나올 수밖에 없습니다.

도표 3-24 | 인사부서에서 활용가능한 매트릭스

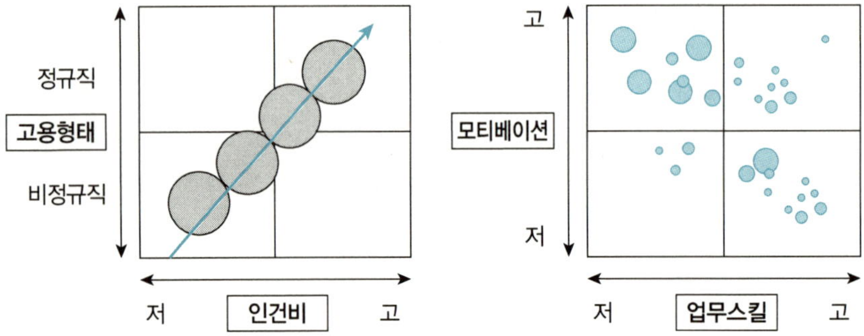

THINKING

본인이 평소 좋아하는 제품 하나를 선택해 주십시오. 그 제품의 현재상황을 파악하고자 합니다. 제품의 현재상황을 가장 정확하게 알 수 있는 두 개의 축을 설정하고 여러분이 선택한 제품과 타사(경쟁사)의 제품은 어느 위치에 있을지 파악해 봅시다. 향후 여러분이 선택한 제품이 시장에서 성공하기 위한 의미 있는 통찰을 얻기에 충분한 축 설정이었는지 작성 후 검토해 봅시다.

도표 3-25 | 매트릭스 축 설정 사례연구

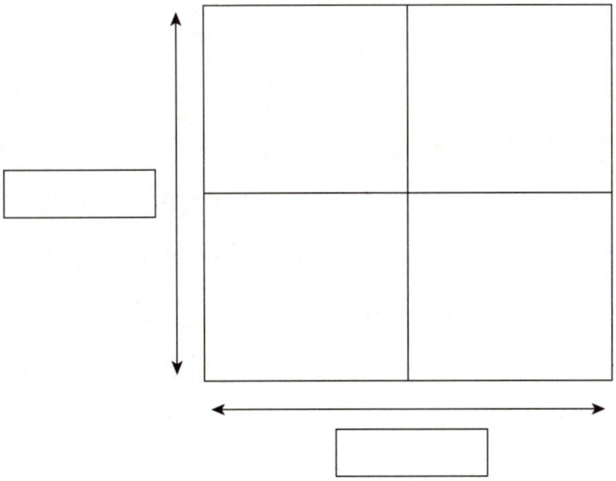

PDCA(Plan-Do-Check-Action)

1. 지속성장 기업의 조건

흔히 시장에서 우수한 기업이라고 할 수 있는 기업들은 대략 세 부류 정도로 나눌 수 있습니다. 첫 번째는 기업이 속한 산업이 성장하고 있어 꾸준히 좋은 실적을 창출하는 기업이고 두 번째는 탁월한 경영능력을 발휘하는 강력한 리더십이 있는 기업이며 세 번째는 다양한 외부환경의 변화 속에서도 착실하게 성장하며 미래를 준비하고 있는 기업입니다. 이 중 어떤 경우의 기업이 지속적으로 성장가능한 기업이라고 말할 수 있을까요?

첫 번째 케이스 기업의 경우, 시장이 영원히 성장하는 경우는 있을 수 없기 때문에 시장이 한참 성장 중일 때 미래를 위한 준비를 해두지 않으면 시장의 성장이 멈추는 순간 그 기업도 동시에 멈춰버리는 위험성이 있습니다. 두 번째 케이스 기업의 경우는 어떨까요? 강력한 카리스마를 가진 리더가 영원히 존재하는 것은 불가능합니다. 카리스마 경영자가 이끄는 기업은 경영자가 경영하기 좋은 시스템으로 운영되기 마련입니다. 경영자가 사라진 후를 대비한 경영의 체제를 미리 준비해 두는 경우는 매우 드문 경우라고 할 수 있습니다. 절대적인 존재가 경영하던 기업이 어느 날 갑자기 시스템으로 운영되는 기업이 되는 것은 쉽게 상상할 수 없습니다. 결국 장기적인 관점에서 기업이 안정적으로 성장할 수 있는 경우는 세 번째 케이스의 기업이라고 할 수 있겠습니다. 그럼 세 번째 경우의 기업들이 가지고 있는 특징은 무엇일까요?

도표 3-26 I 전략과 실천력

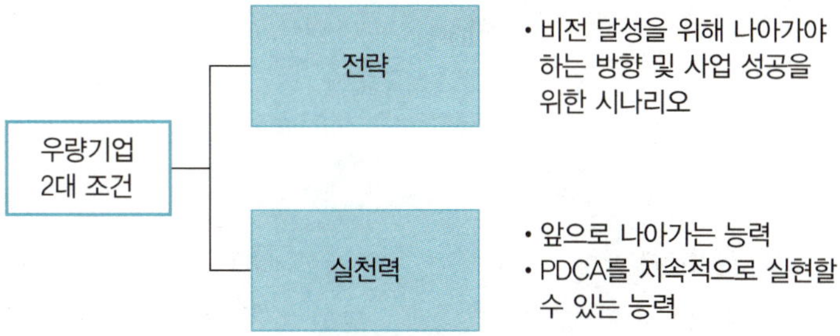

기업이 비전을 달성하고 원하는 성과를 손에 쥐기 위해서는 무엇보다 전략이 최우선으로 필요하다고 말합니다. 그러나 아무리 훌륭한 전략이라고 하더라도 실천력이 없는 기업에게 성과를 기대할 수 없습니다. 전략은 실천력이 있는 기업에게만 유효합니다. 전략을 이해하고 현장에서 실천해 나가면서 예상치 않은 상황을 극복하고 성공을 향한 의지를 굽히지 않고 지속적으로 전략의 길을 꾸준히 걸어갈 수 있는 실천력이야말로 전략을 빛나게 만들어 주는 발판이라 할 수 있습니다.

일반적으로 사람들은 실천을 통한 경험에서 많은 것들을 학습하고 경험치를 키워 나갑니다. 자신의 경험을 통해 학습한 것을 토대로 나름의 법칙을 만들어 보다 높은 수준의 학습을 가능하게 하는 경지에 이르게 됩니다. 지속적인 경험이 보다 높은 수준의 학습을 할 수 있게 해주는 원동력이 되는 것입니다.

일을 잘하는 사람과 성과가 좋은 기업의 공통점은 일을 진행하기 전에 깊게 생각하여 계획을 세우고(Plan), 계획을 충실하게 실천하며(Do), 실천한 결과를 검증하고(Check), 생각과 계획을 수정하고 진화시키는(Action) PDCA사이클 경험을 반복적으로 진행하여 점차 진화된 PDCA 사이클을 경험하며 진화해 나간다는 점에 있습니다. [도표 3-27]과 같은 기본 사이클을 반복하는 것입니다.

도표 3-27 | PDCA 기본 사이클

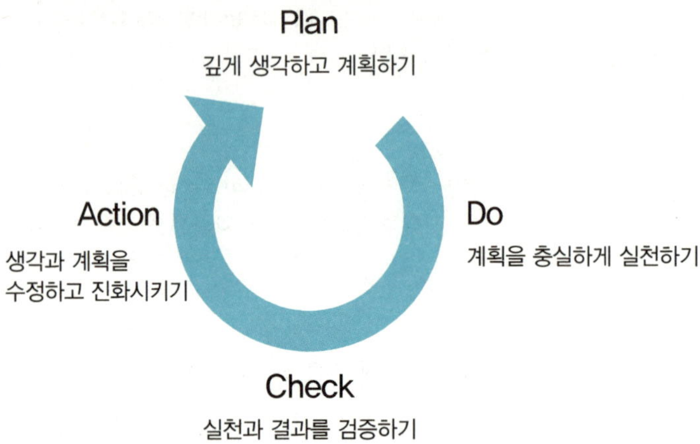

PDCA 각각이 가지는 의미들을 나타내는 단어들은 [도표 3-28]과 같이 정리될 수 있습니다.

도표 3-28 | PDCA 나타내는 단어

Plan	플래닝, 기획, 가설, 시도, 활동계획, 판단, 선택, 의사결정, 시책 등
Do	실시, 실행, 행동, 완결 등
Check (Study)	검증, 결과 확인, 의미 도출, 확인, 학습, 배움, 총괄, 인과관계 수정 등
Action	개선, 진화, 개혁, 방법 수정, 대책 등

PDCA의 반복된 경험을 통해 얻을 수 있는 것은 바로 학습과 진화입니다. 실천의 결과를 검증(Check)하는 과정을 통해 다음 계획(Plan)에 반영시키면서 학습의 경험치가 증가하고 보다 개선되고 진화된 새로운 계획의 실천

(Action)을 통해 전진해 나가는 것이 포인트입니다. 계획 후 실천의 결과 성공과 실패의 인과를 명확히 함으로써 비즈니스에 대한 이해가 깊어지며 그 생각을 다음의 계획에 반영하여 실천하는 것은 그 전의 실천과 질적으로 큰 차이를 보이게 됩니다. 학습과 진화는 [도표 3-29]와 같이 특히 C와 A단계에서 나타납니다. 이것은 PDCA가 가지는 가장 큰 의미이자 가치라고도 할 수 있습니다.

도표 3-29 | P와 C의 단계에서 발생하는 학습과 진화

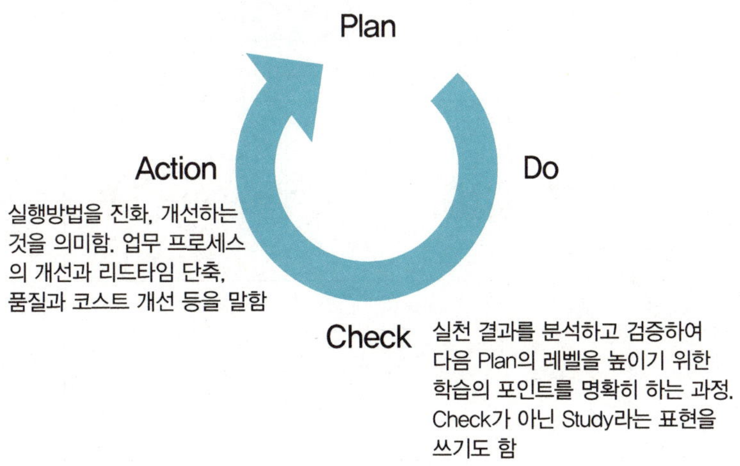

결과적으로 전략과 실천력은 기업이 달성하고자 하는 비전의 모습으로 이끌어 주는 핵심적 요소라는 것을 알 수 있습니다. 그런데 전략과 실천력 중에서 어느 요소가 더 중요하다고 생각되나요? 전략과 실천력 둘 다 갖추고 있는 회사라면 더할 나위가 없을 것입니다. 둘 다 없는 회사라면 당연히 우량회사가 아님을 알 수 있지요.

그러면 전략과 실천력 둘 중 하나만 갖추고 있는 회사는 어떨까요? 먼저 전략은 있지만 실천력이 없는 회사는 앞서 말했듯이 전략을 현장에서 살릴 수 없기 때문에 아무 의미가 없습니다. 그럼 실천력은 있지만 전략이 없는

회사는 어떨까요? 전략이 있지만 실천력이 없는 경우보다는 낫다고 할 수 있습니다. 긴 안목의 전략은 없지만 단기적으로 해야 할 일들을 PDCA 사이클을 통해 실천하고 있다면 시장과 고객에게 가치를 제공하고 있다고 할 수 있습니다. 기업활동의 대전제는 실천이며 실천력은 경쟁우위를 발휘하는 기본 조건이 된다고 할 수 있습니다. 전략과 실천력의 관계를 매트릭스로 표현해 보면 [도표 3-30]과 같습니다.

도표 3-30 ǀ 전략과 실천력 관계

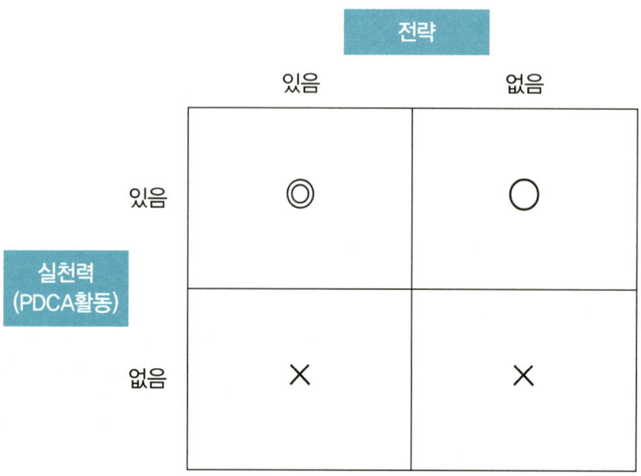

아무리 훌륭한 전략이라고 하더라도 가설에 불과합니다. 초기 가설인 셈입니다. 가설은 말 그대로 가설에 불과하며 검증을 통해 옳고 그름이 판가름 납니다. 초기 가설인 전략이 시장에서 제대로 발휘하는지 아닌지를 확인할 수 있는 방법은 결국 PDCA를 통한 실천밖에 없습니다. 실천은 전략을 더욱 다듬고 개선하여 기업을 진화하게 하는 힘을 가지고 있습니다. 좋은 전략이 기업을 성공으로 이끄는 것이 아니라 실천력을 통해 업그레이드된 전략을 통해 기업은 성공으로 진화해 가는 것입니다.

2. PDCA 사이클에 필요한 요소

기업과 개인이 비즈니스의 상황에서 PDCA를 제대로 실행하기 위해서 필요한 것이 무엇일까요? 개인의 경우는 효과적이고 효율적으로 PDCA 사이클을 회전시키기 위한 스킬과 마인드 등을 습득해야 합니다. 기업의 경우는 현장의 리더와 경영층의 입장으로 나누어서 생각해 볼 수 있습니다. 현장 리더의 경우는 담당하는 부서에 PDCA 사이클을 정착시키기 위해 올바른 프로세스를 구축할 수 있는 능력을 습득하고 스스로가 PDCA 사이클 회전의 Driver(추진자)가 되어야 합니다. 경영자의 경우는 전사적인 입장에서 PDCA 사이클을 회전시키는 Driver가 됨과 동시에 사내의 PDCA 사이클이 제대로 기능할 수 있는 토양을 구축해야 합니다. 또한 최고경영자의 지원을 통한 PDCA 사이클 엔진(메커니즘)을 설계 및 업그레이드해 나가야 합니다.

도표 3-31 I PDCA 사이클의 엔진과 드라이버

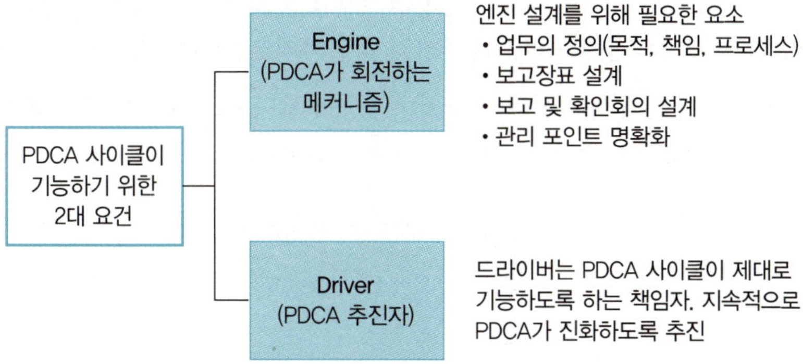

1) PDCA Engine

엔진은 PDCA 사이클이 제대로 기능하도록 하는 메커니즘을 말합니다. PDCA 범위의 크기와 사이클 길이로 보았을 때, 최소 몇 년 이상이 범위가 되는 사업방침과 전략에서부터 개인의 업무단위인 몇 주 단위의 업무까지 다양한 PDCA가 있습니다만 기본적으로 엔진의 설계 방식은 동일합니다. 먼저 PDCA를 실시할 때에는 업무의 내용을 명확히 정의할 필요가 있습니다. 매출이나 이익 등의 숫자목표만을 부여하고 업무 내용이 애매모호한 채로 맡기면 안 됩니다. 정형화된 루틴 업무의 PDCA는 업무의 목적을 정의하고 업무 내용이 진행되는 프로세스를 명확히 해야 합니다. 프로세스를 보고장표에 담아내어 관리의 포인트를 선명하게 하는 것도 중요합니다. 그렇게 되면 PDCA가 실시되는 과정에서 발생하는 문제와 과제 등을 명확히 할 수 있어 개선이 용이합니다.

2) PDCA Driver

PDCA 엔진을 올바르게 기능하도록 하는 책임자의 역할이 드라이버입니다. 드라이버는 부분 최적이 아닌 전체 최적의 관점을 가지는 것이 중요하며 PDCA 사이클에 대한 성과책임을 가지게 됩니다. 예를 들어 전사 사업전략과 사업방침이라면 전사 레벨에서의 최적화를 위한 PDCA 드라이버는 사장이 됩니다. 사업부서에서의 드라이버는 마찬가지로 각 사업부서의 부서장이 됩니다. 담당하는 업무에서의 드라이버는 누구보다 PDCA 사이클을 통해 성과를 만들어내겠다는 열정을 가진 사람이어야 합니다.

3. PDCA 사이클 성공 조건

PDCA 사이클이 제대로 돌아가지 않는 회사, 즉 실천력이 부족한 회사일수록 PDCA에 필요한 제도의 설계를 중시하지 않는 경향이 있습니다. 시장이 한참 성장하는 시기에 중요한 역할을 한 사람들이 많이 모여 있는 회사일수록 더더욱 그런 경향을 보입니다. 성장기는 제품을 만들면 팔리던 시기입니다. 그러한 경험이 PDCA 사이클의 중요성을 간과하게 만드는 것입니다.

그러나 지금은 미래를 예측하기 힘든 격변하는 시기를 겪고 있습니다. 시장에서의 수요도 시시각각 변화하고 있습니다. 비즈니스의 난이도는 과거와 비교할 수 없을 정도로 높아졌습니다. 이러한 시기에는 경영자만이 아니라 현장의 업무담당자도 자신만의 전략을 가지고 스스로 PDCA 사이클을 회전시킬 수 있어야 합니다. PDCA 사이클에 대한 이해도가 부족한 회사가 아무리 좋은 전략을 얻는다 하더라도 PDCA 사이클의 엔진설계와 드라이버 육성에 필요한 기술을 알지 못하기 때문에 성과를 만들어내는 것은 불가능합니다. PDCA 사이클을 기능하게 하는 실천력과 훌륭한 전략은 하나의 세트로써 기능하여 성과를 만들어낸다는 것을 잊어서는 안 되겠습니다.

찾아보기

[저자약력]

장세진

[학력]
규슈대학교 경제학연구과 졸업
가톨릭대학교 경영학과 박사과정 재학

[주요 경력]
현) 프레세나 스트레티직 파트너스 한국법인 Executive Officer
베트남 다낭대학교 한국어과 초빙교수
전) HR인스티튜트 한국법인 Chief Executive Officer
한국능률협회컨설팅 Learning & Development Consultant
명지대학교 인문교양학부 겸임교수

[번역 및 감수]
컨설팅이란 무엇인가?(2011), 3mecca
전략시나리오 노하우두하우(2010), 다산북스
커뮤니케이션 노하우두하우(2010), 다산북스
프레젠테이션 노하우두하우(2010), 다산북스

김성윤

[학력]
경북대학교 대학원 경영학 박사(전략 및 인사조직)
일본 와세다대학교 MBA 석사(인사조직)

[주요 경력]
현) 영진전문대학교 경영계열 교수
전) 여의도연구원 정책자문위원회 청년분과위원
외국계 컨설팅 HR인스티튜트 한국법인 Vice President
삼성전자 사업기획팀
LG전자 인사그룹 및 상품기획그룹

[저서]
전략적 비즈니스매너(2013), 영진전문대학 출판부
NCS 기반의 취업전략(2018), 도서출판 청람
사업기획전략 등

성공적 비즈니스를 위한 **생각도구 치트키**

2020년 12월 5일 1판 1쇄 인쇄
2020년 12월 10일 1판 1쇄 발행

저 자 | 장세진 · 김성윤
발 행 인 | 이수영
발 행 처 | 도서출판 청람
서울시 마포구 독막로 288(대흥동, 세양상가 109호)
전 화 | 02)3272-2601~2
팩 스 | 02)3272-2603
이 메 일 | crbooks@daum.net
홈페이지 | www.crbooks.co.kr
등 록 | 2000년 8월 26일 제6-0509호

ISBN 978-89-5972-790-2 93320 [정가 13,000원]